云南种人图说考释

陈子丹　李孟珂　杨霞　编著

中华书局

图书在版编目(CIP)数据

云南种人图说考释/陈子丹,李孟珂,杨霞编著. —北京:中华书局,2024.4

ISBN 978-7-101-16611-8

Ⅰ.云… Ⅱ.①陈…②李…③杨… Ⅲ.少数民族-古籍-研究-云南-清代 Ⅳ.K280.74

中国国家版本馆 CIP 数据核字(2024)第 087563 号

书　　名	云南种人图说考释
编 著 者	陈子丹　李孟珂　杨　霞
责任编辑	葛洪春
责任印制	陈丽娜
出版发行	中华书局 (北京市丰台区太平桥西里 38 号　100073) http://www.zhbc.com.cn E-mail:zhbc@zhbc.com.cn
印　　刷	三河市中晟雅豪印务有限公司
版　　次	2024 年 4 月第 1 版 2024 年 4 月第 1 次印刷
规　　格	开本/920×1250 毫米　1/32 印张 8⅝　插页 13　字数 180 千字
国际书号	ISBN 978-7-101-16611-8
定　　价	68.00 元

龙 人

山苏

白窝泥

黑猡猡

卡 堕

獛蛮

旱猓夷

糯　比

狆 狉

猓　夷

大头猓猓

猡 黑

僰　夷

苦　葱

白猓猡

沙　人

三作毛

民　家

黑窝泥

水猓夷

缅和尚

莽 子

前　言

《云南种人图说》手绘本为清代稿本，现藏于云南大学图书馆。画册前迻录康熙五十八年（1719）《山川考谕》冠于册首，抄录时间为清光绪十八年（1892），此画册当完成于此时或之前，作者不详。

画册共收二十二幅清代云南少数民族图画，图幅宽18.3厘米，高26.3厘米，右图左文，后附“各种人”六十八种。全书所收民族虽不多，但对主要民族的支系介绍甚详，画面风格古朴自然、清新流畅，线条、色彩生动形象，少有雕饰，且无任何漫漶，历经一百多年仍完好如初。构图精巧，人物形象栩栩如生，画面虽简，却甚为传神，寥寥几笔，每个民族及分支的生活方式、衣着服饰等便跃然纸上。文字说明简洁地介绍了各个民族及其分支的主要分布区域、社会经济、文化生活以及衣食住行等习俗。少数民族的早期风貌，文字记载本身就不多，用绘画方式直观展示就更为罕见，本图册不仅为后人研究云南少数民族提供了一份十分难得的资料，而且对书法绘画研究也有参考价值。

画册属海内外珍本、孤本，虽有较高的史料价值、版本价值和学术价值，但也带有很多对云南少数民族先民片面的、不恰当的甚至是歧视性的描述，加之被视为“镇馆之宝”，深藏馆内，秘不示人，给广大读者查阅和利用原书带来很大困难。为了坚持先进文化的前进方向，弘扬民族优秀文化传统，推进云南民族文化强省建设，本人于2005年1月申请获得了云南省高等学校古籍整理研究项目的资助,拟对《云南种人图说》进行认真稽考,并精校细勘、详注诠释,用语体文作平白明易、通俗易懂的表述,使该图谱体现出独特的历史韵味和深厚的文化底蕴,更具可读性、可视性和观赏性,又不失原书的历史文物性、艺术代表性和学术资料性。

依据原书情况,本书分为上下两编。上编在原图册二十二种云南少数民族题图文字基础上加以图解及考释,并附上原书图画。考释文字内容可分为四部分:一是对清代的民族名称、分布区域、古今地名作了考证;二是对原有的文字说明作了适当的诠释;三是对图画中描绘的男女服饰、生产工具、经济生活、文化习俗、动作神态等作了进一步的阐述;四是对近代的民族称谓、分布范围及其他有关问题作了补充说明。此外,本着呈现底本原貌和尊重原文的原则,对标题、原文和旧志等引文中带有民族歧视性的偏旁、文字和描述一般不作更改。我们的图解、考释文字,则不带歧视和偏见,力求客观中允。部分观点参考了我的导师尤中先生所著的《中国西南的古代民族》一书,在此深表由衷的感谢。

原图册在二十二幅云南少数民族图画和题图文字后附“各种人”,用文字简介了六十八种人,主要介绍每一种人的居住地区、服饰、主要生活习性,与画册部分有交叉,对画册起补充作用。本书下编即对这六十八种人的文字简介作了简要考释,使该整理本更为完整,史料价值更大,更具学术性和资料性,与上编内容交叉重合者,则仅录原文,以免重复。

总之,考释文字力求简洁明快、语句顺畅、解释清楚、知识趣味性强,再配以原书中的图画,以直观、形象、生动地展现清代云南少数民族或支系的真实风貌与特点。让广大读者从清代民族史的视角,探寻云南地方有浓郁乡土气息的风物与民情,在轻松的阅读中有所受益。如果读者们对少数民族的民情风俗感兴趣,那么定会从中感受到云南多民族文化的无穷魅力,领悟到勤劳勇敢的各族人民的精神所在,从而加深对源远流长的云南红土高原古老文化的热爱,增强民族责任感和时代感,这也是编者最大的愿望。

2023年1月10日

目　录

前　言……………………………………………………………… 1

山川考谕………………………………………………………… 1

上编　二十二种人考释…………………………………………… 5

　龙　人 ……………………………………………………… 7

　山　苏 ……………………………………………………… 12

　白窝泥 ……………………………………………………… 14

　黑猡猡 ……………………………………………………… 16

　卡　堕 ……………………………………………………… 21

　濮　蛮 ……………………………………………………… 23

　旱猓夷 ……………………………………………………… 28

　糯　比 ……………………………………………………… 31

　犿　狐……………………………………………………… 33

　猓　夷 ……………………………………………………… 36

　大头猡猡 …………………………………………………… 42

　猡　黑 ……………………………………………………… 44

　僰　夷 ……………………………………………………… 47

　苦　葱 ……………………………………………………… 52

　白倮猡 ……………………………………………………… 56

　沙　人 ……………………………………………………… 61

三作毛 …… 67
民　家 …… 70
黑窝泥 …… 74
水猓夷 …… 76
缅和尚 …… 78
莽　子 …… 80

下编　各种人(六十八种)考释 …… 83
白　人 …… 85
爨　蛮 …… 90
白猡猡 …… 95
黑猡猡 …… 96
撒弥猡猡 …… 97
妙猡猡 …… 99
阿者猡猡 …… 101
干猡猡 …… 104
鲁屋猡猡 …… 108
撒完猡猡 …… 110
海倮猡 …… 111
阿偈倮猡 …… 113
葛倮猡 …… 114
罗　婺 …… 116
摩　察 …… 120
僰　夷 …… 122
猡　黑 …… 125
扑　喇 …… 126
普　特 …… 130

窝　泥 …………………………………… 133
糯　比 …………………………………… 138
黑　铺 …………………………………… 139
拇　鸡 …………………………………… 141
么　些 …………………………………… 144
力　些 …………………………………… 151
土　人 …………………………………… 156
土　獠 …………………………………… 158
怒　人 …………………………………… 163
扯　苏 …………………………………… 167
山　苏 …………………………………… 169
侬　人 …………………………………… 170
沙　人 …………………………………… 171
蒲　人 …………………………………… 172
古　宗 …………………………………… 173
西　番 …………………………………… 178
峨　昌 …………………………………… 182
缥　人 …………………………………… 186
哈　喇 …………………………………… 189
缅　人 …………………………………… 190
结　些 …………………………………… 193
遮　些 …………………………………… 195
羯些子 …………………………………… 197
地鬼羊 …………………………………… 199
喇　鲁 …………………………………… 201
苗　子 …………………………………… 203
黑干夷 …………………………………… 206

狆　人 …… 209
苦　葱 …… 211
喇　乌 …… 212
麦　岔 …… 215
罗　缅 …… 217
卡　隋 …… 218
黑　濮 …… 219
嫚　且 …… 220
戛　喇 …… 222
卡　瓦 …… 224
小列密 …… 225
猓　人 …… 226
利　米 …… 229
大猓黑 …… 232
小猓黑 …… 234
野　人 …… 235
喇　记 …… 238
孔答　喇五　比苴　莫葱 …… 240
阿　成 …… 244

附　录

滇夷图：云南古代民族的生动画卷 …… 郑　宇 246
清代云南少数民族的生动画卷 …… 陈子丹　郑　宇　庄兴成 253

后　记 …… 264

山川考谕

康熙五十八年

朕于地理,从幼留心,凡今古山川名号,无论边徼遐荒,必详考图迹,广询方言,务得其正。故遣使臣至昆仑、西番诸处,凡大江、黄河、黑水、金沙、澜沧诸水发源之地,皆目击详细,载入舆图。今大兵得藏,边外诸番归王化,三藏、阿里之地俱入版图,其山川名号、番域,当于此时考证明核,庶可传信于后。大概中国诸大水皆发源西南大干内外,其源委可得而缕悉也。黄河之水源出西宁外枯尔坤山之东,众泉流水,沮洳涣散,不可胜数。望之燧如列星,蒙古名“敖敦他拉”,西番名“苏罗木”,译言“星宿海”也,是为河源。汇为查、灵二湖东南行,折北复东行,由归德堡、积石关入兰州。岷江之源出于黄河之西巴颜哈拉岭七吡勒哈纳番,名“岷捏撮”,《汉书》所谓岷山在西徼外,江水所出是也。而《禹贡》导江之处在今四川黄胜关外乃褚山。古人谓江源与河源相近,《禹贡》“岷山导江”,乃其流非其源也,斯言可据。其水自黄胜关流至灌县,分数十支至新津县,复合为一,东南流至叙州府,会金沙江。今之金沙江源自达颜喇嘛东北乌捏乌苏流出,译言“乳牛山”也。其水名“母鲁乌苏”,东南流入喀木地,又东南流经中甸,入云南塔城关,名金沙江,至丽江府名丽江,至永北会打冲河,东流经武定入四川交界,至叙州府,合岷江流经夔州府,入湖广,由荆州府至武昌府,与汉江合。汉江源出陕西宁羌州北嶓冢山，名漾水，东流至南郑县，为汉水，入湖广界，东南流至汉阳县、汉口合岷江。此诸水在东南大干之内，故源发于西番，委入于中国也。澜沧江有二源：一源于喀木之格尔玑杂噶尔山，名杂褚河；一源于齐鲁肯他拉，名敖母褚河，二水会于义木多庙之南，名拉克褚河，流入云南境内，为澜沧江。南流至车里宣慰司，名九龙江，流入缅甸澜沧江之西，名“哈拉乌苏”，即《禹贡》之“黑水”，今云南之潞江也。其水自达赖喇嘛东北哈拉脑尔流出东南，入喀木界，又东南流入怒夷界，为怒江。入云南大塘隘，名潞江。南流经永昌府入缅甸。潞江之西为龙川江。龙川江之源从喀木所属春多岭南流入大塘隘，西流为龙川江，至汉龙关入缅甸。此诸水在东南大干之外，故皆流入南海也。又云南边境有槟榔江者，其源发自阿里之冈底斯东打母朱喀巴珀山，译言“马口”也。有泉流出，为牙母藏布江，从南折东，流经藏、危地，过日噶公噶尔城入云南古勇州，为槟榔江，出铁壁关入缅甸。而冈底斯南有山名“郎千喀巴珀”，译言“象口”也。有泉流出，西行至桑纳地。二水合而南行，又折东行，会马珀家喀巴者，译言“孔雀口”也。其水南行至那克拉苏母多地，会东行之水，东南流至厄纳忒克国，为冈噶母伦江，即佛家所谓恒河也。《佛国纪》载魏法显顺恒河入南海，至山东之渤海入口，应即此水矣。梵书云：四大水出于阿耨达山，下有阿耨达池，以今考之，意即“冈底斯”。是唐古忒称“冈底斯”者，犹言“众山水之根”，与释典之言相合。冈底斯之前有二湖连接，土人相传为西王母瑶池，意即“阿耨达池”也。又梵书言：普陀山有三，一在厄纳忒克之正南海中，山上有石天宫观自在菩萨游舍，是乃真普陀；一在浙江定海县海中，为善财第二十八参观音菩萨说法处；一在图白特，今番名“布达拉山”，亦为观音化现之地。释氏之书本自西域，故于彼地山川，颇可引为据也。至于三危以为山名，其地实三危者，犹中国之三省也。达箭炉之西南达赖喇嘛所属拉李城之东南，为喀木地；达赖喇嘛所属为危地；班禅呼图克图为藏地，合三地为三危耳。哈拉乌苏由其地入海，故曰“导黑水至于三危，入于南海也”。至于诸番名号，虽与史传不同，而亦有可据者。今之图白特，即唐之突厥。唐太宗时以公主下降，公主供佛像于庙，今番人多名“诏”，诏者，译言“如来”也。其地犹有唐时中国载去佛像。明成化中，乌斯藏大宝法王来朝，辞归时以半驾卤簿送之，遣内监护行，内监至四川边境即不能前进而返，留其仪仗于佛庙，至今往来之人，多有见之，此载于《明实录》之内。

大清光绪十八年岁在壬辰暮春朔一日敬录《山川考谕》于楚雄都阃府署内之吟香读画室，□世昌谨录。

上编

二十二种人考释

龙 人

原文

生于临安，性情最直，男耕女织，喜穿红衣，头包青蓝布，耳坠大环。男子亦有读书知礼者，与汉人相同。每逢正月，立秋千一架，男女同乐。

图解

图中描绘的男子用黑布包头，身穿黑色上衣，蓝布裤子，肩背挎包，左手牵妻子女儿，右手持长杆烟嘴。妇女头戴青花头帕，身穿短衣长裙，腰系青色布带，脚穿绣花鞋。旁边立着一架秋千，一青年女子正在上面荡秋千，只见她身轻如燕，上下翻飞，乐在其中。地上一老者半坐半卧，正在饮酒作乐，身后一男子亦席地而坐。整幅画面表现出“龙人”于早春（正月）到野外举行荡秋千活动，男女老少以此为乐的习俗。

考释

“龙人”亦即“侬人”，为今壮族支系之一。近代云南壮族中，有八个较大的支系，其中主要居于今文山州的侬人，自称为“布侬”，即为壮族中的“布侬”支系。

“侬人”来源于唐宋时期的西原蛮，其名称最早见于宋代记录，许多地方志书记载，他们是广源州壮人侬智高的后裔。侬智高是北宋中期人，1041 年在今广西境内举兵反抗宋朝，后被宋朝军队击败，于1053年退入“特磨道”（今富宁、广南一带），据说随其入滇者很多。“侬人”主要受广南土司侬氏的统治。

此条文中说其“生于临安”，即分布于清代的临安府（今红河州）一带。其性情最为直爽，男子耕田，女子织布。喜穿红色、绿色等颜色衣服，头包青蓝布，耳坠大圆环。男子中也有知书达礼的人，与汉人相同。每逢早春正月，于户外立秋千一架，男女同乐。

《云南民族图考》载：“侬人，临安、广西、广南、开化等四府所属有此种。男子以青蓝布缠头，身穿青蓝布短衣裤，白布缠腿，穿鞋。其性狡而凶狠好斗，出则携镖弩，丧则以牛革裹尸焚之，又名‘弄人’，其类与沙人相似。侬人妇女，束发，用青布包头，身穿皂布短衣，钉密纽扣，下系青布桶裙，穿鞋，腰缠红裹肚挑花白布手巾。”

乾隆《滇黔志略》卷十五《云南·种人》记述：“侬人，又名‘弄人’，侬智高之苗裔。宋皇祐间，侬智高叛，狄青追至科崖；其后裔窃据科崖为部长，曰‘特磨道’。性狡狠好斗，出则携镖弩。丧，则以牛革裹尸焚之。”

道光《云南通志稿》卷一百八十四引《皇清职贡图》记载：“侬人，其土酋侬姓，相传为侬智高之裔。宋时地曰‘特磨道’，明改广南府，本朝平滇设流官，仍授侬氏后为土同知。今广南、广西、临安、开化等府有此种。喜楼居，脱履而登，坐卧无床榻。男子以青蓝布缠头，衣短衣，白布缠胫。妇束发裹头，短衣密钮，系细折桶裙，着绣花履。性悍好斗，出则携镖弩。其类与沙人相似。岁纳粮赋。”

清代广南府内以“侬人”居多。道光《云南通志稿》卷一百八十四记载：“其种在广南，习俗大略与僰夷同，甘犬嗜鼠。妇人衣短衣长裙；男子首裹青花帨，衣粗布如絺，长技在铳，盖得之交趾者，刀盾枪甲寝处不离，日事战斗，王弄山、教化三部亦有之，盖广南之流也。”

道光《广南府志》卷二《风俗·种人附》载:“侬人,侬智高遗种。性狡,好奢侈。男女勤耕织,惯挑棉锦。楼居,无椅凳,席地而坐,脱履梯下而后登。妇人短衣长裙,男首裹青花,衣粗布如绨。婚姻则以歌唱私合,始通父母议财礼。病不医药,惟知祷神。丧葬亦与汉人同,第山箐中尚有火葬者。”广南府自古为百越分布区,“侬人”主要分布在广南府。

开化府有“侬人”。据乾隆《开化府志》卷九载:“侬人,广南侬智高遗种。散居八里十之五六,性狡好奢侈,甘犬嗜鼠。男女勤耕织,惯挑棉锦。楼居,无椅凳,席地而坐,脱履梯下而后登。妇人短衣长裙,男首裹青花帨,衣粗布如绨。长技在锐,盖居近交趾,习尚使然。婚姻以歌唱私合,始通父母议财礼。病不用药,惟知祭鬼。亲死,素食麻衣,土巫卜期火葬,不拘日月远近,岁终服即除。”

清康熙六年(1667),以教化三部、王弄山、安南三长官司地置开化府,下辖开化、王弄、安南、永平、东安、乐竜、江那、逢春八里,即今文山、马关、西畴、麻栗坡、砚山等县境内。清代前期开化府内居住着“侬人”“土僚”“沙人”等。八里之地总寨数1106,其中“侬人”345寨,居首位,八里均有“侬人”居住。其中东安里(今西畴县)计有165寨,有“侬人”92寨,占55.8%;江那里(今砚山县)共172寨,有“侬人”103寨,占59.9%。[①]

广西府有“侬人”。据道光《云南通志稿》引《皇清职贡图》载:“侬人,今广南、广西、临安、开化等府有此种。喜楼居,脱履而登,坐无床榻。男子以青蓝布缠头,衣短衣,白布缠胫。妇束发裹

① 颜洁:《历史文献中的沙人——少数民族支系研究之一》,《广西民族研究》2009年第1期。

头，短衣密钮，系细折桶裙，着绣花履。好斗，出则携镖弩。其类与沙人相似。岁纳粮赋。”

雍正《师宗州志》卷下《土司考·附种人》载：“侬人，齿黑面黄，男女服饰亦似沙人，语言不通。择危坡绝壁处下临水乃居。种植糯谷。好割犬祭祀。妇种棉纺织。时带环刀标枪，常以蛊毒害人形性。真如、犬羊、五罗河、鲁克、丁利坝、陵蚌、别攻节等处多有。”清代的广西府即今泸西、师宗、弥勒一带，至近代这三县仍多有“侬人”。

阿迷州有“侬人”。据嘉庆《阿迷州志》卷六《风俗·种人附》说：“侬人，狡诈好斗，刀枪不离，花布包头，女用青衣褶，婚议定财礼，俟生育后八周岁，方偿财礼。火葬与各夷同。”又说：“侬人，亦作‘龙人’。昔因纳更司龙姓兄弟相争，连约侬人为助，后遂育种于阿（迷）、蒙（自）诸处。其俗微与沙人相似。”清代的阿迷州即今开远，近代开远一带仍居有壮族一万余人。

蒙自县有“侬人”。据康熙《蒙自县志》卷三《土官·附彝俗》说：“侬人，亦作‘龙人’。县初无此种，因纳更土司龙姓者兄弟相争，连约侬人为助。其后龙氏寖衰，侬人遂育种于蒙邑。其俗与沙人相似。”近代蒙自、屏边一带仍居有壮族二万二千余人，蒙自、屏边的壮族中即包括称为“龙人”的部分在内。

临安府南部有“侬人”。据嘉庆《临安府志》卷十八载：“侬人，性狡诈，好斗。男子首裹青花帨，衣粗布如絺。女子短衣长裙。楼居，无椅凳，解履升梯，席地而坐。”“瓦渣（今红河县境内）……计有种人五：侬人、濮拉、猓猡、僰夷（百夷）、窝泥。”近代红河县已无壮族，看来已融合入当地其他民族之中。

元江府有“侬人”。据康熙《元江府志》卷二《彝人种类》载：“侬人，其种在元江与广南同俗，是侬智高之党窜居于此者。居无椅凳,席地而坐,脱履梯下而后登。甘犬嗜鼠。妇人衣短衣长裙,男子首裹青花帨,衣粗布如絺。长技在铳,盖得之交阯者。刀盾枪甲,寝处不离,日事战斗,方、杨、普、李四处猡猡好称善战,不敢入境窥伺。诸彝中之最强者。”近代元江已无壮族人口。

普洱府有“侬人”。据光绪《普洱府志》卷四十六引《伯麟图说》载:“龙人,知耕织,其俗以正月元日作秋千戏,殆以习轻趫而寓介寿之意欤!普洱府近郭有之。”普洱府的“侬人”被称作“龙人”。

清朝初年始设普洱府,其管辖范围大致为今普洱市、西双版纳州。近代普洱、思茅一带已无壮族,看来已融合入当地其他民族之中。

清代云南境内“侬人”的分布区除广南府(今广南、富宁)外,还散及广南府西部的开化府境内,以及广西府(治今泸西县,辖师宗州、弥勒州、邱北州和维摩州,即今师宗、弥勒、丘北、砚山等地)、临安府南部的一些地方、元江府乃至普洱府的宁洱县(今普洱市宁洱县),其生活习俗与当地的“沙人”相似。

综上所述,“龙人”(侬人)又名“弄人”,自称“布侬”,清代以壮族侬氏为主,故设有侬氏土司。男女勤耕织,惯挑棉锦,即以种植稻谷、棉花和纺织为生,农业生产和手工业有一定的发展。

山　苏

原文

新平属，性情愚蠢，不知纺织，种山地为食，以竹器为业。出痘满浆时用刺戳破，另居一山，身穿麻布短衣裤。

图解

图中描绘的男子上身赤裸，下穿一条短裤，腰扎布带，正在开垦山地，女子穿麻布织成的短衣裤，形容枯槁，衣衫褴褛，正在捡拾木柴。整幅画面表现出“山苏”生活贫苦、度日艰难的情景，具有强烈的感染力。

考释

“山苏”亦称“扯苏”“车苏”“撒苏”“山车”，自称“勒苏”。因其“居于山巅”（习居高山），故名“山苏”，原为汉晋时的叟人，南诏、大理国时期属马笼部，近代为彝族“山苏”支系，主要分布于滇南，散居于新平、峨山、元江等地山区，为今彝族支系之一。

此条所说的“新平属”，即分布于清代的新平县（原属临安府，雍正十年始改隶元江府）境内，即今新平、元江一带。其人性情质朴，不知纺线织布，以耕种山地植物为食，以编制各种竹器为业。出水痘至满浆时用刺戳破。身穿麻布织成的短衣裤。

据康熙《新平县志》卷二《风俗・附种人》说：“山苏，性多柔软。住深箐中，不耕田，开山地种荞稗度日，编竹器生理。衣麻布，婚无媒妁。不论寒暑,晚则架柴火一炉,男妇围而卧之。苦极矣!”

道光《新平县志》卷六《土司·附种人》说:“山苏,性多柔软,潜居深山,治板为屋,种荞稗为食。能制竹器入市易米。出常持弩射禽炙食。种麻为衣,男子披发跣足,妇人挽髻蒙头,婚无媒妁。不论寒暑,晚则架柴火一炉,男妇围而卧之。诸夷惟此种最苦。”

雍正《云南通志》卷二十四说:“山苏,在临安诸处,潜居深山,板片为屋,种荞稗为食。能制竹器入市易米。出常持弩射禽炙食。种麻为衣,男子披发跣足,妇人挽髻蒙头。诸夷惟此种最苦。”

康熙《元江府志》卷二《彝人种类》说:“山苏,居于山巅,无陶瓦,木片覆屋。耕山种荞麦。皮覆布衣。器以木,摆锡为饰。又名曰‘扯苏’。”

康熙《嶍峨县志》卷二说:“山苏,……潜居深山,板片为屋,种荞稗为食。”

道光《云南通志稿》卷一百八十四引《伯麟图说》记载:“山苏,短发赤足。元江州属有之。”

近代彝族中有“山苏”支系,其人自称为“撒苏”“阿粗拔”,当地汉族仍称其为“车苏”“山苏”。“山苏”支系分布于今新平、元江、峨山、武定等县,其中新平县的部分是自古以来居于原地者;元江、峨山的部分已见于明、清记录;武定的部分应该是从楚雄府的广通县或南安州迁入的。除武定者外,其他地区的山苏与元、明、清时期的记录完全相符。除上述各地者外,见于明、清记录中其他地方的“车苏”,至近代已融合入同区域内彝族的其他部分之中。

白窝泥

原文

他郎所属，性情愚蠢。男穿青蓝布短衣，女穿白布短衣，腰系青布，上挂海巴数串，耳上坠大环，亦是刀耕火种，并蓄养花猪。

图解

图中描绘的男子头戴竹编尖顶圆帽，身穿青蓝布长衣，赤足绑腿，女子挽髻蒙头，身穿白色短衣裤，腰系花色胸兜，下穿长裙，赤足绑腿，后背竹篓，有的手提水罐，有的手牵花猪，有的手撵棉线，正欲出门上路。整幅画面表现出白窝泥妇女欲外出赶集，小儿也要跟随而去，其祖父拉住不放的情景，生活气息浓烈。

考释

“白窝泥”自称“碧约（必约）”，为“窝泥”之一支，由唐宋时的“和蛮”发展而来（“和蛮”是哈尼族形成单一民族后的首个历史族称，此后的族称有“和泥”“斡泥”“窝泥”等），以服色分成黑、白“窝泥”，“他郎所属”，即指清代分布于普洱府北部的他郎厅（今墨江）境内，为今哈尼族支系之一。

其人性情质朴，男子穿青蓝布短衣，女子穿白布短衣，腰系青布，上挂海巴（海巴系一种热带海域出产的贝壳，古代常当作货币使用，直到明、清两代，云南地区仍通用这种古老的货币）数串，耳上坠大圆环。亦从事刀耕火种，并蓄养花猪。

据道光《普洱府志》卷十八《土司·种人》说:"白窝泥,宁洱、他郎有之。性情愚鲁,服饰尚白。身挂海吧,耳坠大环。所住上楼下屋,人住楼上,畜置楼下,名为掌子房。以耕种为生。土产花猪,家家多畜养之。"至近代,普洱、墨江、景谷、思茅及西双版纳格朗和地区,仍有哈尼族人口分布。

道光《云南通志稿》卷一百八十三引《他郎厅志》记载:"性情纯朴。男勤稼穑,女事纺绩。虽出山入市,跬步之间,口衔烟袋,背负竹笼,或盛货盛柴,左手以圆木小槌安以铁锥,怀内竹筒装裹绵条,右手掀裙,将铁锥于右腿肉上擦撵,左手高伸,使绵于铁锥上团团旋转,堆垛成纱,谓之'撵线'。至心喜时,口唱山歌,名曰'倒板腔',亦娓娓可听也。"

道光《云南通志稿》卷一百八十三引《伯麟图说》记载:"白窝泥,男女务耕织,服青白衣,以笼负物入市,悍而知法。镇沅州属有之。"至近代景东、镇源一带仍有不少哈尼族人口。

民国《墨江县志稿》载:"白窝泥,一名'必约',亦居县城附近,间有与黑窝泥(按,指"布都")杂居者,惟黑窝泥多居山脚耕种田地,白窝泥多居山头耕种山地,言语风俗与黑窝泥亦不大异。"

"白窝泥"自称"必约",自古代延续至近代未改,但在清代的记录中漏载。近代墨江、普洱一带哈尼族中有自称"必约"者,为哈尼族中的"必约"支系。

黑猡猡

原文

新平属。性情凶恶，男女穿青蓝衣裤。最喜饮酒、捕猎，男女各执镖弩，外披树叶，名之曰“遮雨”。

图解

图中描绘的男子身穿青蓝布短衣裤，腰系布带，肩背挎包，外披树叶织成的雨衣，头裹青布包头，耳坠大环，脚穿红色翘头鞋。前面两人一前一后用木棒扛着一头猎物，后面两人背着装有猎物和食物的背篓，左边的手持长杆烟斗和标枪，右边的手执牛角和弓弩，正走在山间小路上。整幅画面表现出“黑倮倮”男子结伴外出狩猎，带着捕获的猎物满载而归的喜悦情景。

考释

“猡猡”即“倮倮”，宋以前写作“卢鹿”，宋、元时写作“猡猡斯”，明、清时写作“猓猡”，皆因语音随时代演化后，不断改写的结果。“倮倮”意为“龙虎”，即龙虎族。云南的“倮倮”多集中在今楚雄州、红河州、石林县等地，其中彝族以虎为图腾，而状如虎的青（黑）兽在《山海经·海外北经》中称为“罗罗”，是当地少数民族称呼黑虎的汉语音译。[1] 楚雄州境内的“倮倮”,主要分布在今楚雄市、南华县、牟定县、姚安县及大姚县、双柏县、禄丰县的一部分,其先民来自南诏时期的“徙莫祇蛮”。

元代时以蒙古语“罗罗”加复数语尾 -s 的音译——“猡猡斯”命名彝族大土司。这一族名逐步固定下来,一直沿用至二十世纪中期。

彝族内部实行家支制度,个人的社会地位取决于所出身的家支,按血缘确认个人的贵贱。彝族尚黑,高贵的家支都自我标榜为“黑”,或干脆直接称为“黑骨头”。地位低下的家支则被贬为“白”,或称“白骨头”。

本条所指的“黑倮倮”即黑彝,清代分布于新平县境内,即今新平、元江一带。其性情勇健,男女穿青蓝布衣裤,最喜好饮酒捕猎,男女各执镖弩,外披树叶,名之曰“遮雨”。

雍正《临安府志》卷七《风俗·附种人》说:“黑猓猡,性粗恶。缠头跣足,挽发捉刀。不分男女,俱披羊皮,种田卖柴为生,能通汉语,各州县皆有之。惟新平一带蛮山大岭,此种尤多。无事则纳粮为民,有事则劫抢为贼,凡所出入,沿路派探,科收保钱,防范不可不密。”

康熙《新平县志》卷二《风俗·附种人》说:“猓猡,性最凶悍,口角之嫌,持戈相向,邻里亲族仇杀无忌,数世之冤必报,一物之微必争。出入佩刀乘马,以抢劫为生。缠大头,顶皮盔,披皮甲棉被,野贼是也。据峻岭,住茅庐,不论老幼男妇,衣服多用红绿。然长

① 关于“罗罗”一词的文化含意,有人认为彝族崇拜虎,呼虎为“罗”,“罗罗”即虎人或虎族;有人认为彝族发音“罗罗”时,两个字的字音不同,应为“倮罗”,“倮”意为龙,“罗”意为虎,“倮罗”即龙虎,也即崇拜龙虎之人。(见唐楚臣:《彝族族源主源》,云南民族出版社,2013 年,第 174 页。)

幼有节，尊卑有礼，会饮以跪为敬，凡设席，必以生肉剁碎，用蒜调和，每人一分而食之。如有酒食，必聚集合寨共乐。其占卜用鸡胯骨，插竹签断其吉凶，俗皆尚鬼，病不服药。”

康熙《罗平州志》卷二《风俗》载：“黑猓猡，相传即盘瓠后裔。男子挽发，以布束之，披毡佩刀，妇女蒙头，青布束于额上，披衣如袈裟，桶裙，手牙圈，跣足，在彝为贵种，土官、营长皆类也。”

乾隆《弥勒州志》卷二十一《土司·种人附》记述：“黑猓猡，挽髻插骨簪，耳着环，出则包黑帕，佩刀披毡衫。性强悍，以劫掠为生。兄弟故，相授妻妾，不以为异。妇人首戴长布一条，绕头三匝，余者垂后，穿布袍，前及膝，后曳地，无开襟，服之自首笼下，不穿裙。男女俱赤脚，死不用棺，火葬。”

乾隆《滇黔志略》卷十五《云南·种人》记述：“黑猡猡，在滇夷为贵种，散居各郡。在鹤庆者，又号‘海西子’。居处率锯木为瓦，名曰‘苦片’。戴箬帽，被毡衫，性好射猎。妇女用青布蒙头，披羊皮，缠足着履，颇类汉人。岁时用鸡、羊、酒，摇铜铃，祝国祈年，皆极诚敬。”

雍正《云南通志》卷二十四《土司·附种人》记载：“男子挽发以布带束之，耳戴圈坠一双，披毡，佩刀时刻不释，妇人头蒙方尺青布，以红绿珠杂海贝砗磲为饰，下着桶裙，手带象牙圈，跣足。在夷为贵种，凡土官、营长皆其类也。土官服虽华，不脱夷习，土官妇缠头彩缯，耳戴金银大圈，服两截杂色锦绮，以青缎为套头衣，曳地尺许，背披黑羊皮，饰以金银铃索。各营长妇皆细衣短毡，青布套头。其在曲靖者，居深山，虽高岗硗陇，亦刀耕之，种甜苦二荞自赡。善蓄马，牧养蕃息，器皿用竹筐木盘，交易称贷无书契，刻木析之，各藏其半，市以丑戌日，葬贵者裹以皋比，贱者以羊皮，焚诸野而弃其灰；在路南者能为乳酪，杂樵苏鬻于市，腥秽侏㒧若鹿、豕；在安宁、禄丰者多负盐于途；在南安者以草为衣，加于毡毳，大都性多鸷悍，好攻掠，而武定、寻甸尤为凶顽；鹤庆四十八村又号‘海西子’，亦其种，多暴。铁索箐、宾川州、赤石崖、螳螂古底旧称渊薮，自万历初芟荡以来，至今宁帖。”

以上所说的“黑倮倮”清代主要分布在曲靖、路南、安宁、禄丰、南安、武定、寻甸、鹤庆等地，其中在鹤庆者又称为“海西子”。

道光《云南通志稿》卷一百八十二引《皇清职贡图》记载：“黑猡猡，为滇夷贵种，凡土官、营长皆其族类。散居云南、曲靖、临安、澂江、武定、广西、东川、昭通、楚雄、顺宁、蒙化等府，在鹤庆者又号‘海西子’。自唐时隶东西两爨部落，元收其地为郡县，分处各属。其居处斫木代瓦，名曰‘苫片’。男子青布缠头，或戴箬帽，布衣毡衫，妇亦以青布蒙首，布衣，披羊皮，足着履。言语饮食颇类齐民。性朴鲁，好射猎，岁时用鸡酒，摇木铎以祝国祈年。土宜稻黍，输税惟谨。”

康熙《元谋县志》卷二《风俗·种人附》载：“黑彝，即黑猓猡。杂处山箐中，缠头跣足，挽髻捉刀。妇人辫发，用布缠头，不分男女，俱披羊皮。嫁女与皮一片、绳一根，为背负之具。衣领以海蚆饰之。织火草麻布为生。星回节列炬，杀牲祭祖先，老幼围坐火下，吹笙扑跌，饮酒为乐。其祝以铃，其占以蚆钱、草签或鸡羊骨为之。相见亦有尊卑上下之礼。交易用木刻记数，别有书字，见汉人辄避。性畏鬼，亲死葬之以火。遇有疾病，谓亲为祟，用猪羊祷祀之。”

康熙《姚州志》卷一《风俗》云：“附近苴却彝曰‘罗婺’，类猓猡而顽，亦甚贫苦，畏法多疑，遇事则鼠首。”

康熙《定远县志》卷一《风俗》也载：“罗婺，种类猓猡，其性愚朴，居山中，住草房，种苦荞杂粮为食。男子缠头跣足，女人织毛布为衣，裹头用布，下缀缨花，腰着桶裙，手绾铜镯，居家亦知有礼。”

道光《云南通志稿》卷一百八十二引《伯麟图说》记载:“披毡佩刀,力耕善牧,器用竹木,称贷无书契,刻木析之,藏其半。徵江府及他郡州皆有之。”

嘉庆《江川县志》卷十六说:“黑猡猡,居深山,住茅屋,其夜服襤褛,与华稍异。虽或暑,必披羊皮。今皆延师课读,通汉语、列衣冠矣。邑令刘携云:九寨乡山多田少,大羊黑猓所居近,俱通汉矣。命余其开山种荞,无弃地力。”

乾隆《东川府志》卷八称之为“披沙夷”:“披沙夷,尽黑猓猡,为爨人遗种。身长逾格,面黑力大,跣足,善走,上山捷如猿猱。首挽发髻,插铜簪,头不包布,衣用毡裁裹,直绕半身,夷妇与熟夷同。”

道光《普洱府志》卷十八《土司·种人》载:“黑猓猡及黑猡猡,宁洱、威远有之。性多猛悍。男女皆穿青蓝布短衣裤,外均以草叶披衣,名曰‘遮雨’。男女皆执镖弩捕猎,余与白猓猡同。”

从以上记载可以看出,“黑倮倮”中的富足者就是原来土酋官舍的后裔,他们或称土官,或称营长。“在滇夷为贵种”,即大多为世袭贵族、封建主或领主。担任着地方管理者的角色。清朝时期,农业生产在“黑倮倮”社会中已占主要地位,但居住在山区的“黑倮倮”生产力仍相对落后,原始的刀耕火种还有很深的影响,畜牧与狩猎仍占经济生活中的相当比重。

清代云南的“黑倮倮”分布面较广,“各州县皆有之”。在居住方面,他们“居深山,住茅屋”,以木片代瓦;在穿着方面,最明显的特征是身披羊皮或草叶编的蓑衣;在饮食、语言方面与汉族差别不大,“能通汉语”,“别有书字”;在礼仪方面,“长幼有节,尊卑有礼”;在葬俗方面,“死不用棺”,“亲死葬之以火”,实行火葬。

卡　堕

原文

属镇沅，性情愚蠢，男穿短皂衣裤，女穿长皂衣裙。嗜好与窝泥相同。耕种山地，播洒旱谷，双牛并力而耕，应夫当差。

图解

图中描绘的男子头戴斗笠，内穿青布短衣裤，外披蓑衣，有的在赶着两头牛耪田，有的在播撒种子，一位妇女头戴青花布头巾，身背小孩，亦在田里播种。整幅图画表现出“卡堕”男女共同参加劳动，用牛耪田，耕种山地，播撒旱谷的农业生产方式。

考释

“卡堕”又写作“卡惰”“卡隋”“卡多”“耶尼”，是清代对哈尼族一支的称呼，分布在他郎厅（今墨江）至宁洱县（今普洱）之间，即普洱、墨江、思茅、江城、镇沅、景东、景谷等县，为今哈尼族“卡多”支系。其性情淳厚，男穿青蓝布短衣裤，女穿青蓝布长衣裙，嗜好与“窝泥”相同，耕种山地，播撒旱谷，男丁应夫当差。其婚育习俗中有重女的观念。

康熙《元江府志》卷三《彝人种类》说：“卡惰，元江有之，性顽钝，喜歌舞，男女多苟合，遇婚娶，通媒妁之日，议聘金八九十两不等，所以娶妻多有子孙代祖父赔聘者。故娶妻之家，见媳生女则喜不自胜，若连生数子，以为受累异常。葬火化。”

雍正《云南通志》卷二十四《土司·附种人》条说："卡惰，元江有之。性顽钝，喜歌舞，男女多苟合，遇婚娶，通媒妁之日，议聘金多者或至百金，娶后子孙犹有代祖父偿聘金者。故娶妻之家，见妇生女，喜不自胜，若生数子即以为大累。葬皆火化。"

道光《云南通志稿》卷一百八十六记载："卡惰，元江有之。性顽钝，喜歌舞，男女多苟合。遇婚娶，通媒妁之日，议聘金多者或至百金，娶后子孙犹有代祖父偿聘金者。故娶妻之家，见妇生女，喜不自胜，若生数子，即以为大累。葬皆火化。"

道光《云南通志稿》卷一百八十六引《他郎厅志》记载："卡惰，性情愚蠢，懒而且悍，相貌粗恶。男女穿青布短衣裙袴，红藤缠腰，女事耕凿，男佩枪刀，以捕猎为生，稀入城市。所居之屋，人住楼上，畜养在下。病不服药，惟卜鸡卦、媚鬼神、祷祀而已。"

道光《云南通志稿》卷一百八十六引《宁洱县采访》："男穿黑衣，女穿杂色，会务耕作。但嗜酒好逸，其名'卡惰'者，即以此欤？"

道光《普洱府志》卷十八《土司·种人》说："卡惰，他郎有之。性情愚懒，喜歌舞，遇婚娶，通媒妁之言，议聘金多者或至百金，娶后子孙犹有为祖父偿聘金者，故人家见妇生女则喜，若生数子即以为累。男穿黑衣，女穿杂色，虽务耕作，但嗜酒好逸，其名'卡惰'者，即以此欤？"

清朝时期，散布在元江、普洱、景东、镇沅等府的"窝泥"，多数是称为"卡堕"等的各个部分。近代哈尼族中有一部分仍自称"卡多"，亦称"耶尼"，或以为是哈尼族中的"卡多"支系，分布在元江、墨江、普洱、思茅、景谷、江城、景东、镇源等地。他郎和普洱间的一部分"卡堕"，经济生活还相对落后，他们中的农业生产主要由妇女承担，男子更多地从事畜牧和狩猎。

獛 蛮

原文

属宁洱，性情愚直，男身穿青白衣，女穿蓝白桶裙，腰系海巴数围，耳坠大环，赤足，栽种杂粮，善做竹器为业。女子未配婚畜之，日亦复行剃发。

图解

图中描绘的男子上穿青衣，下着黑短裤，肩扛竹竿，腰挎装有竹笋的竹篓和短刀，女子上穿红经白纬衣，下套桶裙，内穿长裤，红藤缠足，身背装有竹笋的竹篓，手提竹篮，一小儿光着身子，连蹦带跳，边走边吹着牛角。整幅图画表现出“蒲人”一家四口上山采集归来，在深山密林中匆忙行路的情景。

考释

“獛蛮”又名“蒲蛮”，即“蒲人”，为南诏时“朴子蛮”的后裔，今为布朗族和德昂族。清代主要分布在永昌、顺宁、景东三府。现在的布朗族居住在景东、澜沧、双江、镇康、临沧、耿马、云县、勐海等县。德昂族分布在德宏、保山、临沧等州市。

本条所说“属宁洱”，即指清代分布于宁洱县（今普洱）一带，其性情朴直，男身穿青白布衣，女穿蓝白桶裙，腰系海巴数围，耳坠大环，赤足，栽种杂粮，善做竹器为业，女子婚前留长发，婚后亦反复进行剃发。

乾隆《滇黔志略》卷十五《云南·种人》记述:“蒲人,又称‘蒲蛮’,即古百濮苗裔,《周书》与微、卢、彭俱称‘西人’,《春秋传》与巴、楚、邓并为南土。其部落在永昌西南徼外,讹‘濮’为‘蒲’,有因以名其地者,若蒲缥、蒲甘之类是也。元泰定二年,蒲蛮来附,置顺宁府。是时蒲蛮长孟祐之后赐姓猛氏,授土知府,后改辖流官。镇沅、普洱、永昌、顺宁、景东等府所属有此种。”

普洱府有“蒲人”。道光《普洱府志》卷十八《土司·种人附》记载:“蒲蛮,又名‘蒲人’,宁洱、思茅、威远有之。古称‘百濮’,《周书》与微、卢、彭俱称‘西人’,《春秋传》与巴、濮、楚、邓并为南土。本在西南徼外,讹‘濮’为‘蒲’,有因以名其地者。性情愚鲁。男穿青蓝布短衣裤,女穿麻布短衣,蓝布桶裙,腰系布带,以水蚌壳钉其上,名为海吧。散处山林,居有定址,若易置他处,即不能居。常耕种为业,剥蕉心煮食,以当菜蔬。凡女出嫁,父母为薙其发。”这部分“蒲人”散居在“摆夷”等族土司的统治区域内,他们在山区聚族而居,农业和手工业的发展都达到了一定的水平,但显然也保留有一些原始社会的痕迹。今西双版纳州为布朗族人口最集中的地区,景谷、墨江、江城、普洱、思茅等地也有一些布朗族人口。

永昌府和腾冲府有“蒲人”。永昌府辖境内(今保山、德宏)有部分“蒲人”(今分别被识别为布朗族和德昂族)分布,“蒲人”的上层贵族是朝廷委任的各级土官,主要有施甸长官司长官阿氏和莽氏,这两个土司于清初被废除。在保山县下辖的“十五喧二十八寨”土官中也有众多土官是“蒲人”。

康熙《永昌府志》卷二十四《土司·种人》说:“蒲人,即古百濮。《周书》与微、卢、彭俱称‘西人’,《春秋传》与巴、楚、邓并为南土。本在永昌西南徼外,讹‘濮’为‘蒲’。有因以名其地者,若蒲缥、蒲甘之类是也。男裹青红布于头,腰系青绿小条绳,多为贵,贱者则无。衣花套长衣,膝下系黑藤;妇人挽髻脑后,带青绿珠,以花布围腰为裙,上系海贝十数围,系莎罗布于肩上。永昌凤溪、施甸及十五喧二十八寨皆其种。勤耕种,徒跣登山,疾逾飞鸟。今渐弱而贫。其流入新兴、禄丰、阿迷、镇南与景东、蒙自、开化、十八寨者,其形质妆束各殊。”清初居于永昌府府、州、县治附近的“蒲人”逐渐汉化,居于永昌府西南“摆夷”土司地区(今德宏州)的“蒲人”已分化为“崩龙”。① 近代保山县一带只有少量布朗族人口,德宏州境内已无布朗族,仅有崩龙族。

顺宁府有“蒲人”。清朝时期,顺宁府北部靠内的地方也仍然有“蒲人”。康熙《顺宁府志》卷一《风俗》记载:“蒲蛮一种,男女色黑貌丑。耳带大环,箨帽赤足,性情惰,好渔,刀耕火种,言语喝咯,不晓汉语。四时庆吊,大小男女皆聚,吹芦笛,作孔雀舞,踏歌顿足之声震地,尽欢而罢。葬多在屋之前后,记死不记生。住山寨茅屋。畏法,输纳及时。”这部分“蒲人”中,其先进的部分住在平坝区,明万历年间改土归流之后,至清初即已融合入汉族之中。其余住在山区的部分,仍然是“刀耕火种”,“不晓汉语”。然而,他们已经生活在流官的统治之下,所以尽管经济文化仍然落后,也不得不畏官守法,输纳及时了。

清代顺宁府辖境包括今临沧市除镇康、永德二县之外的全部和普洱市的澜沧、孟连县在内。当时的“蒲人”散及整个顺宁府辖境。而南部边境的部分,较靠内部分更为落后。雍正《顺宁府志》卷九《彝俗》记载:“(蒲蛮)男女色黑貌丑,穿麻布衣,女子用青布裹头,戴箨帽,耳带大银环或铜圈。方音咮嘀,不解汉语。婚娶无

① “崩龙”一名始见于清代,原为古濮人的一支,到清代才从“蒲人”中分化出来,称为“崩龙族”,1985年改名为“德昂族”。

礼文，惟长幼跳踏，吹芦笙，为孔雀舞，男以是迎，女以是送。至壻家，立标竿，竿上悬荷包锦囊，藏五谷银器，复取脂抹其竿使滑，令人难上，而后男女两家大小争上取之，得者为胜。婚之次日，男女杂坐，欢饮竟夕而散。无祝寿礼，彼云记死不记生，故问诸白发年岁，率多不自知，惟记忆某年见某事，如绛县所对，则他人可得而逆数之矣。平居，刀耕火种，好渔猎，住山寨茅屋中，有信实，与人期多刻木记数。畏官守法，输纳以时。”近代凤庆一带仅有少量布朗族人口。近代云县、临沧、双江、澜沧、耿马等地还有不少布朗族人口。

清代景东、镇沅境内也有“蒲人”。雍正《景东府志》卷三说：“蒲蛮，男女体貌深黑。居深山，衣服婚丧如白猡猡。女织棉布。惟沿江一带有此种。”

又道光《云南通志稿》卷一百八十三引《皇清职贡图》记载：“蒲人，即蒲蛮。相传为百濮苗裔，宋以前不通中国，元泰定间始内附，以土酋猛氏为知府。明初因之，宣德中改土归流。今顺宁、澂江、镇沅、普洱、楚雄、永昌、景东等七府有此种。居多傍水，不畏深渊，寝无衾榻，食惟荞稗；男子青布裹头，着青蓝布衣，披毡褐，佩刀跣足；妇青布裹头，着花布短衣，长裙跣足，常负米入市，供赋税。”近代景东、镇沅一带仍有部分布朗族人口。

云龙州有“蒲人”。雍正《云龙州志》卷三《疆域志·附形势》说：“赶马撒，……西北为鲁戛，山势粗雄，俗号‘蛮山’，蒲蛮居焉，约二十家。又二十里为彯归……。”清初，云龙州西部赶马撒一带还有二十来户“蒲人”，至近代，云龙一带已经没有布朗族或崩龙族人口。

楚雄府有“蒲人”。道光《云南通志稿》卷一百八十三引《伯麟图说》：“蒲蛮，性多疑，貌黑而寝。其音类鸟，通汉语，知礼让，耕山善泅，食蕉心如蔬。楚雄府有之。"

清代散居于滇西南山区的"蒲人"，在与汉族交往过程中形成了农业与手工业相结合的生产模式，并促进了商业贸易的发展。居于顺宁府（今凤庆、临沧、双江）靠内地区的"蒲人"，"畏官守法，输纳及时"，进一步汉化并逐渐融入汉族之中。居于南部边疆一带的"蒲人"，则仍"刀耕火种，好渔猎，住山寨茅屋中"，处于较为落后的阶段。

旱猓夷

原文

属宁洱，性情淳朴。服食与水猓夷相同。男弹琵琶，女吹直箫，歌唱取乐。

图解

图中描绘的青年男子以布缠头，身穿灰蓝布短衣裤，赤足，正坐在河边的大树下弹奏琵琶，旁边的两位女子以布缝高髻加帕戴于头上，身穿灰蓝布长衣裙，红色镶边，腰扎青花布带，内穿黑色长裤，赤足，亦坐于河边，正在吹直箫，地上还放着盛酒的葫芦、酒杯等。一中年男子站在女子身后，正凝神静听悠扬动人的音乐。整幅图画表现了“旱摆夷”男女在劳动之余，弹起琵琶，吹起直箫，自娱自乐的情景。

考释

“旱猓夷”即“旱摆夷”，又写作“旱僰夷”“旱百夷”“旱百彝”，属傣族“旱傣”支系，以山居为特点。① 清朝时期称傣族为“摆夷”，“摆夷”乃明代“百夷”之同音异写。但傣族仍自称为“傣”。明代又把“大百夷”称为“旱摆夷”，“小百夷”称为“水摆夷”。至近代又被称为“大傣”。

① “旱傣”支系即“傣讷”，也叫“傣那”“傣勒”，他称“旱傣”。

此条所说的“旱摆夷”清代分布于普洱府辖区内的宁洱县(今普洱)一带,性情淳朴,服饰、饮食与“水摆夷”相同,但所穿的桶裙则各有不同。

道光《普洱府志》卷十八《土司·种人附》记载:“旱猓夷,宁洱、威远有之。性情淳朴。习俗大略与水猓夷相同,服食各异,居于山巅,谓之‘旱猓夷’,婚丧之礼悉如汉民。好嗜酒,男弹琵琶,女吹箫以为乐。”此即普洱府北部(今景谷至普洱一带)的“旱摆夷”。

乾隆《开化府志》卷九《风俗·种人》亦记载:“旱猓夷,本名‘僰夷’,又称‘白衣’,盖声近而讹也。八里杂处,耕种为活。男服长领青衣裤;女布缝高髻加帕其上,以五色线缀之,结絮为饰,服短衣桶裙,红绿镶边。婚以媒。丧亦棺瘗,其死者所用器皿,悉悬墓侧,不复收回,若有杯棬之意焉。”

道光《云南通志稿》卷一百八十三引《伯麟图说》记载:“旱猓夷,山居,性勤,男子衣及膝,女高髻,帕首缀以五色丝,裳亦然。开化府及普洱有之。”

近代傣族或被分作“大傣”与“小傣”,大傣即“大百夷”“旱摆夷”,小傣即“小百夷”“水摆夷”,二者在语言上存在地域性的差别,生活习俗上也有不同之处。民间对“旱傣”“水傣”的区分,通常解释为:“旱傣”居住在旱地,“水傣”居住在水边。也有人说,“旱傣”居住在山地,以种植“旱谷”为生;而“水傣”居住在水边,以种植水稻为生。作为一家之言,著名学者李拂一在《十二版纳志》中指出:“旱傣”应作“汉傣”,就是接受汉文化影响较多的傣族;“水傣”当是“纯傣”,就是没有受到外来文化影响,保持“纯正”傣族传统文化不变的傣族。[①] 在地域分布上,“旱傣”主要居住在

① 林超民:《水傣还是纯傣?》,2016 年 12 月 30 日,搜狐网(www.sohu.com/a/123021278-488316)。

距离江河水源较远的地方，如红河河谷等地，而“水傣”则居住在云南各地的江河边，如生活在藤条江畔的“水傣”就很出名。在服饰方面，“旱傣”一般身穿比较宽大肥硕的衣服，下身则穿着黑色齐膝的短裙，“水傣”则喜欢穿着紧身的衣服，衣服颜色多是蓝色或白色，下身则穿桶裙。

糯 比

原文

居沅江州所属。性情粗鲁，爱居山间，刀耕火种，多洒杂粮，男穿短衣裤，女短裙，蓬头赤足，劫抢偷盗为生。

图解

图中描绘的男子绾发结于头顶，身穿灰蓝布长袍，或上身赤裸，下穿灰色短裤，四人正在林中采集植物。整幅图画表现出“糯比”男子以采集野生植物为生的经济生活。

考释

“糯比”为清代对阿尼（今哈尼族）中不同名称或支系的七种记录之一，[①]又名“窝泥”“阿尼”，元代为“斡泥蛮”，明代为“和尼”，至近代又称“山家”“窝泥”“阿泥”，其中可分为若干支系，社会发展极不平衡，为今哈尼族中的一部分。

此条中的“糯比”清代分布在沅江州境内，其辖地包括今元江、新平县全境及江城、绿春县大部分区域。其人性情豪放，喜爱居住在山间，刀耕火种，播种时多撒杂粮。男穿短衣裤，女穿短裙，

① 清代对“窝泥”中不同名称或支系的七种记录是“卡堕”“糯比”“黑窝泥”“白窝泥”“罗缅”“孔答”“比苴”。这七种记录在《云南种人图说》一书中都有记载。

蓬头赤足，鲜通汉语，山居僻处，罕入城市。

康熙《元江府志》卷二《彝人种类》说："糯比，即阿泥之别种。男环耳跣足。妇衣花布衫，以青布绳辫发数绺，海贝杂珠盘旋为螺髻，穿黄白珠垂胸为络裳。丧无棺，先击锣鼓摇铃跳舞，名曰'洗鬼'，忽泣忽饮，三日，采松为架焚之。"

雍正《云南通志》卷二十四说："糯比，元江有之，即阿泥之别种，风俗与阿尼同。"

道光《普洱府志》卷十八《土司·种人》说："糯比，他郎有之，即阿泥之别种，风俗服饰与元江之阿泥同，性情鸑骜，少通汉语，山居僻处，罕入城市。"

道光《云南通志稿》卷一百八十三引《伯麟图说》记载："糯比，窝泥之别种也。性傲而知大义，食以手抟饭，僻处不入城市。元江州及普洱有之。"

道光《云南通志稿》卷一百八十三引《他郎厅志》说："糯比，性亦循良，服色与苦葱相类。担柴烧炭，入市贸易，女亦背负蔬菜或织草为排，入城售买。"

道光《云南通志稿》卷一百八十三引《宁洱县采访》："性情鸷骜，鲜通汉语，山居僻处，鲜入城市。"

近代哈尼族中仍有一部分自称为"糯比"，分布在元江、墨江、元阳、金平等地，为哈尼族中一个单独的方言集体。元江、墨江的部分已见于清代记录，元阳、金平的部分则在清代记录中缺失。

现代的"糯比"支系自称"哈尼"，"糯比"为互称或他称，统称"哈尼族"，主要分布于红河县乐育镇窝伙垤村和浪堤镇娘普村、虾里村、洛那村、红波洛村等区域。

犿 狁

原文

威远地界所生，夷中之最凶恶者，貌丑性顽，爱野处，亦知耕种，红藤缠腰，手持刀刃，拦路劫抢，杀人取头祭祀以祈年丰，将人头戳在树尖之上，要嘴张为庆，如口目俱闭，二次又祭。

图解

图中描绘的男子披发赤足，身穿灰蓝布短衣裙，或上身赤裸，臂、腰、胫均缠红藤，手持梭标，腰插短刀。旁边的大树上挂有一颗人头，下置弓弩、虎头、酒具等物，三位男子正跪地拜祭。整幅图画表现了"佧佤"取人头祭祀，以祈求年年丰收的习俗。

考释

"犿狁"即"佧佤"，又称"卡利瓦""阿瓦""哈瓦""嘎剌""古剌""哈剌"，意为"住在山上的人"，来自唐代澜沧江以西的望蛮，为今佤族支系之一。"佧佤"之名源自傣族，傣语"佧"为"奴隶"之意，故"佧佤"为带有民族歧视性的称呼。清代大部分聚居在普洱府的宁洱县和思茅厅以及顺宁府、永昌府。

本条所指的"佧佤"清代分布于普洱府辖区内的威远厅（今景谷）地界，为各民族中最骁勇善战的一支，性情质朴，其貌不扬，喜欢居住在深山野岭，亦懂得耕田种地。男穿青蓝布短衣裤，女穿青蓝布短衣裙，均以红藤缠腰，除耕种杂粮以外，佩刀持枪捕猎劫抢为生。过去有杀人取头祭祀丰年的陋习，后经官府严防和禁止，此种风气已逐步消失。

雍正《云南通志》卷二十四记载："卡瓦，夷中之顽梗者也。永(昌)、顺(宁)东南辣蒜江外有之。貌丑性恶，亦耕种，有寨落。红藤束发缠腰，披麻布。持利刃梭标，于要路窃伏劫掠，行商必结伴多人，兼有保护者，乃敢过。今守御戒严，此风渐止。商贾凡出腾越入木邦贸木棉者，必经其地(指今镇康、孟定一带)，呼为'卡利瓦'。有生熟二种，生者劫掠，熟者保路。"辣蒜江即今小黑江，有二源：一源于耿马县北，一源于双江县北，于双江县西南汇合，向东南流入澜沧江。永昌、顺宁东南辣蒜江以外区域，即指近代整个阿佤山区，是佤族的主要聚居区。同区域内的傣族称佤族为"卡瓦"。"卡"系傣语音译，意为"奴仆"，则"卡瓦"是傣族统治阶级对佤族带有歧视性的称呼。此处的"佧佤"分散为许多互不统属的村寨和部落，各村寨和部落都普遍地从事农业和手工业生产。但有的村寨和部落生产发展水平较高，开始向"文明的门槛"迈进；有的村寨和部落则生产发展水平较低，仍然处在原始社会的阶段当中。因此，当时的汉族把他们分为"生、熟二种"，"生卡瓦"指居于阿佤山中心地带，与外界相对隔绝的部分，生活、习俗较为落后，生产力发展水平较低；"熟卡瓦"则指居于阿佤山边缘区靠近内地的部分，由于与外界接触较多，更多地接收了汉族等较先进民族的影响，其生产生活和民风习俗较为进步。所谓"生者劫掠"，这是原始社会中带有普遍性的现象。所谓"熟者保路"，指的是另一些村寨和部落对商贾的出入进行保护，因为他们中间已经有了较多的产品，需要通过商贾来进行交换，这就有必要对外来的商人进行保护，说明这部分村寨和部落已经开始向奴隶社会迈进。

还有一部分"佧佤"散居在普洱府。道光《普洱府志》卷十八

《土司·种人》载:“阿卡,即夷中之卡瓦是也。宁洱、思茅有之。性情愚蠢,状貌粗丑。男穿青蓝布短衣裤,女穿青蓝布短衣裙,均以红藤缠腰。耕种杂粮之外,佩刀执镖捕猎为食。在思茅者罕入城市,在宁洱者应役当差。”

据道光《云南通志稿》卷一百八十七引《他郎厅志》记载:“卡佤,性情愚蠢,男穿青蓝布短衣裤,女穿青蓝布短衣裙,均以红藤缠腰。耕种杂粮之外,佩刀执镖捕猎为食。在思茅者稀入城市,在宁洱者应役当差。”这一带的“佧佤”,比之阿佤山区的部分又较为先进。近代普洱、思茅及西双版纳地区仍然居住有一部分佤族人口。

思茅、宁洱的这部分佤族以农业生产为主,而纺织手工业的发展水平显然比分布在阿佤山区者高。阿佤山区者只能织粗糙的麻布,而思茅、宁洱的却能织比较细致的青蓝布。因为居住在山区,所以农闲时也从事狩猎。这部分佤族已经离开了本民族的聚居区而与汉族杂处,所以政治上接受当地流官的统治,经济上与汉族农民一样“应役当差”,或为个体小私有者,或受汉族地主的剥削。

猓 夷

原文

此种夷人属威远地方，男知耕种，女知织纺，每年二月之内择期，男女缅僧聚集，敲锣打鼓，走山采花献佛，此即同汉人做太平会也。头上顶红白花，包头，身穿白布汗衣，下面穿织花桶裙，男子执鼓钹助乐，女子采花，惟愿年丰景象。

图解

图中描绘的男子身穿灰蓝布短衣裤，青布绑腿，有的敲鼓，有的击钹，正走在队伍的最前面；女子身穿青白布齐腰短衣，下穿丝棉花布桶裙，手拈山花，正从山谷中鱼贯而出，队伍中间还有两位眉开眼笑的“摆夷”僧侣。整幅图画表现了“摆夷”男女在早春二月穿着新衣，上山摘取各种鲜花，并与僧侣一道齐赴佛寺，一路上敲锣打鼓，祈求丰收的喧闹、欢乐景象。

考释

“猓夷”即“摆夷”，又写作“摆衣”“伯彝”“僰夷”“百夷”，为清代对今傣族的称呼。[①]“摆夷”的支系甚多，分布亦广。清朝末

① 据有的学者考证：大概自清康熙以来，“摆夷”逐渐取代了“百夷”，成为“僰夷”之俗称或“今称”。正如《四库全书总目》录《百夷传》所谓：“百夷即麓川平缅宣慰司（案“百夷”即今“猡夷”，译语对音，故无定字）。”（见贾益：《元明清云南方志中“百夷”等称谓的流变》，《西南民族大学学报》2017年第9期。）

年，随着中国与东南亚邻国边界的确定，许多原来属于中国的“摆夷”被划到了界外，“摆夷”成了跨境民族，而重新又从境外返回的“摆夷”支系就有了不同的名称。①

此条所指的“摆夷”清代分布于威远厅辖区内，即今景谷一带。清代的普洱府，包括威远厅、他郎厅、宁洱县、思茅厅、车里司等地在内。整个普洱府辖区，均有“摆夷”与其他民族相杂居。

“摆夷”男子懂得耕田种地，女子懂得纺纱织布。每年的二月份选定一个日子，男女老少与“摆夷”中的僧侣聚在一起，敲锣打鼓，上山采摘鲜花供献于佛前，这种做法就如同汉族做太平会一样。女子头上顶着红白花色包头，身穿白布汗衣，下面穿着织花桶裙，男子击鼓钹助兴，女子采花献佛，祝愿年年丰收，岁岁太平。

小乘佛教在清代的“摆夷”中已成为全民的信仰。“摆夷”以春季为岁首，届时男女齐集佛寺，男子击鼓鸣锣，妇女随后敬献鲜花、供果，焚香烛，虔诚地祭祀祈祷，并聆听佛爷诵经等，称为“赕佛”。这一傣族中重大的宗教活动在此处的文字和图画中得到了生动形象的反映。

雍正《顺宁府志》卷九载：“僰彝，一作‘百彝’，一作‘猓夷’，有水旱两种。”

光绪《续修顺宁府志》卷三十四《杂志一》载：“僰夷……以季春为岁首，男妇老幼俱着新衣，捕取各种山花，并以糯米蒸熟，染成五色斋贡，齐赴缅寺，鸣鼓击钵，供献佛前。听缅僧诵经，名为‘担佛’，旋以各种山花插于沙堆之上，名为‘堆沙’，又男女均以竹筒取水互相洒泼，以湿衣为乐。”

道光《云南通志稿》卷一百八十三记载：“一名‘百夷’，盖声

① 王文光、朱映占、赵永忠：《中国西南民族通史》（中册），云南大学出版社，2015年，第380页。

近而讹也。性耐暑热,居多卑湿棘下,故从棘从人。滇之西南旷远多湿,僰夷宅之。种类数十,风俗稍别,名类亦殊。其俗称宣慰曰'昭',华言'主人'也。其官属有叨孟、昭录、昭纲,递相臣属。叨孟总统政事,兼领军民,多者数十万,少者则数万;昭录亦万余人,赏罚皆任其意;昭纲千人,递减至十人。又有昭录调遣统数千人以行,其近侍名立者,亦领数百户,皆听其使。食其赋,取用无制节,上下僭奢,微名薄职辄系钑花金银宝带。官民皆冠箬叶,累金玉珠宝为高顶,上悬小金铃,遍插翠花翎毛,后垂红缨。贵者衣纻丝绫锦,以金花金钿饰之。以坐象为贵,象首十数银镜为络,银铃银钉为缘,象鞍三面以铁为栏,籍重茵悬铜铃,鞍后象娜一人,铜帽花裳,执长钩制象,为疾徐之节,招摇于道,相见合掌为敬,敬于己者则跪拜,有所论则叩头受之,虽贵为叨孟,见宣慰莫敢仰视,凡有问对,则膝行而前,三步一拜,退亦如之。贱见贵、少见长皆然。侍贵人之侧,或过其前,必躬身而趋。筵宴则贵人上坐,僚属以次列坐于下,有十客则令十人齐行十客之酒,酒初行乐作,一人大呼一声,众人和之,如此者三。既就坐,先进饭,次具醪馔有差,食不用箸,每客一卒,跪坐侧,持木瓶盥帨。凡物必祭而后食。乐有三,曰'僰夷乐''缅乐''车里乐'。僰夷乐有筝、笛、胡琴、响盏之类,歌中国之曲;缅乐者,缅人所作排箫、琵琶之类,作则众皆拍手而和;车里乐者,车里人所作,以羊皮为三五尺长鼓,以手拍之,间以铜铙、鼓、拍板,与中国僧道之乐无异。乡村宴饮则击大鼓、吹芦笙、舞牌为乐。无中国文字,小事则刻木为契,如期不爽,大事书缅字为檄,无文案,城池因高山为砦,无仓廪租赋。每秋冬遣亲信往各甸,计房屋征金银,谓之取差发。每屋一楹,输银一两或二三两。其法,杀人与奸者皆死,盗窃一家皆死,为寇一村皆死,道不拾遗。军民无定籍,每三五人充军一人,正军谓之昔剌,犹言壮士。昔剌持兵器,余负荷供饷。每二十万战者不满十万,师行军在前，夷长在中，饷馈在后，进退不一，而号令不紊。倚象为声势，每战以绳自缚象上，悍而无谋，锯桑为弩，革为胄，铜铁杂革为函，胜则骄惰争功，负则逃窜山谷。驿路无邮传，一里半里许构一小草楼，五人守之，千里有报，闻在旦夕。公廨与民居无异，虽宣慰亦止竹楼数十间，上覆以茅，用陶瓦者则有火灾，民间器皿多以陶冶，孟艮等处则有漆器，甚精，其长用金银砗磲等器，其下亦以金银为之。凡部长出，象马兵戈及木榻器皿、仆妾财宝之类皆从，动辄数百人，随处宴乐，小民苦之。男贵女贱，虽小人视其妻如奴仆，耕织贸易徭役皆妇人任之，非疾病，虽老不得息。凡妻生子，贵者以水浴于家，贱者浴于河，三日后，以子授其夫，耕织自若。头目之妻百数，婢亦数百，少者数十。庶民亦有数十妻，无妒忌之嫌。旧俗不重处，女及笄始禁足，今则此俗渐革矣。官民皆髡首黥足，有不髡则酋长杀之，不黥足则众嗤之曰'妇人'也。妇人绾独髻脑后，以白布裹之，窄袖白布衫，皂布桶裙，贵者锦绣，跣足。凡子弟有职名，则受父母跪拜。人死用妇人祝于尸前，亲邻相聚，少年百数人饮酒作乐，歌舞达旦，谓之'娱尸'。妇人群聚击碓杵为戏，数日而后葬，葬则亲者一人持火及刀前导至葬所，以板数片瘗之，其人素所用器皿、甲胄、戈盾皆坏之，悬于墓侧，是后绝无祭扫之礼。在禄丰、罗次、元谋者，男带黑布帽，窄袖白衫，妇着桶裙，好楼居，釜甑俱以陶瓦。俗尚奢侈，孟春作土主会，称贷以炫其饰，又有秋千会，男女杂坐。信鬼好讼，见人多所忌讳，掘鼠及虾蟆以敬宾客。葬有棺，少哀戚。在江川、路南者构竹楼，临水而居，楼下畜牛马。妇人耳带大环，婚嫁用牛，祭用羊，知蚕桑，勤于耕织。性柔畏法，见人退让。在临安者，男青白帨缠头，着革履，衣有襞襀。妇人白帨束发，缠叠如仰螺。好鬼喜浴，极寒犹然。山居构草楼，家人狎处，稍以帷帐间其卧处。丧衣绯，架木，置尸其上，吊者各散红布缎一方，召拜祃诵夷经，三日以簟裹而舁之山。妻不更嫁，名曰'鬼妻’。其食糯米、蜻蜓。在蒙自者，插鸡尾笠端，出则捕猎，居则纺绩。在阿迷者为滇庄佃民，习同蒲人，新化、纳楼、溪处大略皆同。在十八寨者，性俭好杀，畜蛊饵毒，捕鱼食鼠，焚骨而葬。又有髡者曰‘光头僰夷’，盖习车里之俗。额上黥刺月牙，所谓‘雕题’也。见流官盘膝坐，举手加额为敬。男女先通而后娶，葬不复顾，或梦亡者昧爽，至冢上，设一石祝之曰：‘勿再返也。’在顺宁者，冠青而锐其顶，耳环蹹屣，好衣素。婚嫁用牛，贫不能具者，佣女家三年。丧有棺敛，封葬以石，为人佃作，性懦弱。在剑川者言语侏㒧，所居瘴疠，棺如马槽，以板为之。惟农业、陶冶是务，惧讼信鬼。在腾越者，火炙肉食，不求其熟，或取蜂糟而食之，习缅字，器用粗磁。在曲靖者，号‘白脚僰夷’，男妇俱短衣长裳，茜齿文身，戴笠跣足。在镇南者，男子短衣，妇桶裙，跣足。婚礼夷歌侑食。人死令亲者捉刀尸傍，昼夜守之，亲朋以酒奠，捉刀人呼死者之名，灌诸口中，如是三日而葬。每村置树以为神，六月廿四日集众燃炬，哗而赛神，所居在山巅。在姚安者，滨水好浴，腰系竹笼捕鱼。婚用牛羊，至女家以水泼女足为定。箨叶为尖顶帽，擅土布羊毛之利。在元江者，能为鬼魅，以一帚系衣后，即变形为象、马、猪、羊、猫、犬，立通衢，或直冲行人，稍畏避之即为所魅入腰中，食其五脏易之以土。昔有客言：曾卧病，医巫勿效，祷于大士，梦一女子于其肋下出二小儿，渐成老人，女子叱之乃去，病遂已。知者，遇其所变物，以一手捉之，一手挺拳痛捶之，必复为人，夺其帚而縻之，即哀求以家赀之半丐脱，食中多置毒药，中之必不治。估客娶夷女者，欲出必问还期，或一二年，或三四年，女即以毒饵之，如期至更以药解救，亦无他，若不，尔必毒发而死，所许还期即死日也。与外人交易，爽约失信及私窥其妻女者，必毒之。信实朴厚者，累出入亦无伤。其地高原旷野，土产槟榔，种莳如中国农桑，葩时杀犬洒血污之。”

乾隆《永北府志》卷二十五《土司 · 彝人附》记载：“伯彝一种

从无姓氏，性稍淳，男薙头穿耳，女盘头跣足。男耕田女织麻，婚姻亦通媒妁，以物聘定成婚，殁后不用棺椁，发尸火化检骨立冢，春秋祭祀。”“白夷一种胆小好饮轻生，或小寨依山多用板屋，或居处临水便取鱼虾，不惧烟瘴，不畏狼虫，男子耕田供食，女人绩麻为衣。婚聘以牛豕，亦知礼仪，殁后棺殓，哀送掩埋。”

乾隆《弥勒州志》卷二十一《土司 · 种人附》记载：“白夷，性柔直。善耕种，多白姓。蚕织，居草房，男戴帕，穿两截衣，着鞋。妇人青白布包头，交裹为饰，筒裙无裤，乡谈较雅，如谓杖为‘扶老’，粉为‘改老’，画为‘遮壁丑’之类。其妇善挑担，无犬不祀。沅江一种，剃头，俗呼‘摆衣’，即白夷也。”

康熙《蒙自县志》卷三《土官 · 附彝俗》载：“猡彝，气质柔弱，不习弓矢，择水田而耕，居多傍水，亦以十月朔为岁首，与土獠同俗。”

道光《普洱府志》卷十八《土司 · 种人》说：“猡夷，又名‘僰夷’，称百夷，盖声近而讹也。居多卑湿，故今称为‘水猡夷’，宁洱、思茅、威远有之。性情柔懦，男穿青蓝布短衣裤，女穿青白布短衣，丝绵花布桶裙，喜食糯米、槟榔及酸辣之味。多近水，结草楼居之。男女皆浴于江河，男种田捕鱼，女工织纺。以季春为岁首，男妇老幼俱着新衣，捕取各种山花，并以糯米蒸熟，染成五色斋供，齐赴缅佛寺，鸣鼓击钵，供献佛前。听缅僧诵经，名为‘担佛’，旋以各种山花插于沙堆之上，名为‘堆沙’，又以竹筒取水，男女互相洒泼，以湿衣为乐。”

从以上史志来看，清代云南的“摆夷”（傣族）广泛分布于今天的曲靖、楚雄、红河、临沧、普洱、西双版纳等地，各地的“摆夷”种类较多、风俗各异，在生产方式、生活习俗、风土人情等方面存在明显差异。道光《云南通志稿》用了较多笔墨详细描述了“摆夷”的社会生活状况以及各地“摆夷”的不同特征和称呼，说明清代汉族对傣族的认识和了解更加深入和细致。

大头猡猡

原文

新平、嶍峨皆有之，性情淳和，栽种田园，身穿红绿五色衣服，宽领，满锭银泡，头缠青布，坠耳，裹足，好歌唱，名为“跳弦”。姑娘私自入山与人饮，父母遇见，用鸡一只、酒一壶说合许配，嫁时与耕牛一条。

图解

图中描绘的男女头缠青布，身穿红、绿、青、蓝、紫五种颜色衣服，衣领上镶满银质圆头状饰物，形似水泡，以带系腰，背挎包，打绑腿，脚穿红、黑色布鞋，正聚会在青青杨柳树下，男子弹琴，女子吹笛，翩翩起舞。整幅图画表现了“大头倮倮”男女身着彩衣，喜爱唱歌跳舞，弹琴吹笛，自娱自乐的民间“跳弦”活动。

考释

“大头猡猡”即“大头倮倮”，为清代对彝族支系的称呼。文中所记分布范围在清代的新平、嶍峨县，即今新平、峨山县一带。其性情淳和，栽种稻田，身穿红、绿等五色衣服，衣领宽大，上面镶满整锭银子制成的银泡，头缠青布，坠耳，裹足，喜唱山歌，名为“跳弦”。姑娘私自进山与人约会时，若被父母遇见，就用一只鸡一壶酒说合许配，出嫁时陪嫁一头耕牛。

雍正《景东府志》卷三《夷民种类》记载：“大猡猡，性勤力健，种山地，畜牛羊，衣食稍足，在诸夷种类中差强人意。”

道光《云南通志稿》卷一百八十二引《古今图书集成》记载：“顺宁有之，男女色黑，性悍，赤足缠头，披羊皮，衣麻布，山栖草舍，火种刀耕，言语侏𠌯，习爨字，师阿闭，信鸡卦，婚嫁备牲醴，葬垒木，鸡豚皆火燎而后烹食，日用则荞稗杂粮与米相半。”

本条所称的“大头倮倮”亦即“大倮倮”。由于各种原因，清代在“倮倮”这个名称之前又加上一些形容词。所谓“大倮倮”“小倮倮”，显然是当时官府就他们生活中的某些表面现象和外在特征而命名的。

猓黑

原文

属威远，大黑山中岩居野处，貌丑性直，不务耕种，男女穿青蓝衣裤，习熟刀弩，邀路劫掠为生，好生肉牛酒。

图解

此图描绘的男女身穿青蓝布短衣裤，男子有的上身赤裸，手持弓弩梭镖，边走边小心观察是否有猎物出现，随时随地做好捕猎准备。走在中间的女子前揽小儿，左手提酒，右肩扛着一支动物的腿肉，路旁的草丛中还有丢弃的人头和牛头。整幅图画表现了“倮黑”男女一同进山打猎，在崎岖的山路上边走边搜寻猎物的情景。

考释

“猓黑”即“倮黑”，又写作“裸黑”“野倮”，清代始见于史载，又称“野黑”，分为大小“倮黑”。“倮黑”即“拉祜”之同音异写，为今拉祜族支系之一，而把“拉祜”写作“猓黑”，显然在于反映他们与“倮倮”相近。“倮黑”属氐羌系统民族，是“乌蛮”中发展较为缓慢的部分，一直到清末还处在不断迁徙移动过程中。清代的分布范围在顺宁、普洱、楚雄三府辖境之内，以顺宁府居多，普洱府次之，楚雄府最少。

本条载“倮黑”清代分布于威远厅境内，即今景谷一带。主要居住在深山野岭的岩洞中，其貌不扬，但性情梗直，不从事耕田种地等农业生产活动，男女穿青蓝布衣裤，能熟练使用刀枪弓弩，以狩猎为生，喜欢吃生的牛马肉，大碗喝酒。

顺宁府有“倮黑”。雍正《顺宁府志》卷九说：“猓黑，顺宁有之。亦蒲、僰之异派，其俗与僰人不甚相远。饮食取蜂蛇鼠蛤，无所不啖。然勤于耕作，妇人任力，男子出猎。多居山箐间。”

道光《云南通志稿》卷一百八十三引《伯麟图说》记载：“性蠢愚，穴居野处，拾荑稗，不足，采瓜蔬捕狙麋以佐食。顺宁府属有之。”

康熙《云州志》卷五说：“大猓黑，云州有之。黑陋愚蠢更甚。勤于务耕，以所食荞稗即为上品，其余草子、芭蕉、树枝、野菜、藤蔓、葛根及蛇、虫、蜂、蚁、蝉、鼠、禽、鸟，遇之生啖。不葺庐舍，崖居野处，与野人同类也。”

清代顺宁府领州一、县一、宣抚司一、长官司一，即云州、顺宁县、耿马宣抚司、孟连长官司，又有缅宁通判，辖今临沧、双江二县之地，皆属顺宁府。顺宁府境内的“倮黑”，普遍散布在所辖各州、县、司境内，分别与“蒲人”“百夷”“僳僳”“倠佤”等相杂居。近代拉祜族人口以澜沧县最多，双江次之，耿马、孟连又其次，临沧、沧源再次之。

普洱府有“倮黑”。道光《普洱府志》卷十八《土司·种人附》说：“野猓，即猓黑，系外域夷人，性情狡悍。男女皆穿青蓝布短衣裤。嗜酒，并喜食生牛马肉。随身常带枪刀弩弓，不事耕作，以捕猎抢劫为生。”

道光《他郎厅志》说：“猓黑，系属化外，性情顽劣，不事耕作，以捕猎为生。男女皆短衣袴裙。遇有仇隙，以勇悍为能。”

清代普洱府之地领一县三厅，即宁洱县、思茅厅、威远厅、他郎厅。在这一带地方，“倮黑”与“百夷”“窝泥”“僳僳”等族普遍相杂居，而“倮黑”同样是“多居山箐间”。所谓“不事耕作，以捕猎抢劫为生”，指的是他们中的男子专门从事狩猎，而农业和纺织手工业生产，显然完全由妇女承担。近代这些地方仍有数量不等的拉祜族人口。

楚雄府有“倮黑”。道光《云南通志稿》卷一百八十三引《伯麟图说》记载：“蒲、僰别派也。俗似白人，女耕男猎，居深林。顺宁府及楚雄有之。”

康熙《楚雄府志》卷一《风俗·土人种类》说：“猓黑，居深箐，择丛篁蔽日处结茅而居，遇有死者，不殓不葬，停尸而去，另择居焉。”

清代楚雄府属境内仅南安州和广通县有一部分“倮黑”，其余州、县皆无。这部分“倮黑”聚居于楚雄府所属的广通县和南安州一带的山区，保持着古老的原始生活方式。他们是依旧留在北部的少部分，而同族中的绝大部分，早已迁到南部的顺宁府和普洱府一带去了。至近代，则双柏、广通一带已经没有拉祜族人口居住，显然是清朝中期以后又向南迁移，“另择居焉”，最终迁到南部去了。

“倮黑”本来应当译写作“拉祜”，但在清代的记录中却有意写作“猓黑”，以使其与“倮㑩”（彝族）的名称相近，用以说明“倮黑”与“倮㑩”近似，而为同区域内的“蒲人”“僰夷”的不同流派。

所谓“蒲、僰之异派”，即与“蒲”“僰”不是同一个民族。“蒲”即“蒲人”或“蒲蛮”，近代布朗族；“僰”乃“僰夷”，即“摆夷”，近代傣族。清代主要分布于顺宁府境内，尤多聚居于澜沧。在这一带地方，“倮黑”与“蒲人”“摆夷”普遍杂居，但“倮黑”多居山箐间，而“摆夷”则住平坝。因为是杂处于“摆夷”地区，受“摆夷”的影响较大，所以生活习俗与“摆夷”有某些近似之处。“倮黑”在山区从事农业生产，但主要由妇女承担，男子则多从事狩猎。

僰　夷

原文

系属宁洱，性情淳良，服食起居与内地民人不甚相远。男女一同栽种，散处普城远近村落，编甲纳粮，念书成名，亦将化夷为汉矣。

图解

图中描绘的男子身穿青白布短衣裤，正坐在田边的大柳树下边乘凉边抽着烟锅，女子头戴草帽，身穿青蓝布短衣裤，腰系围裙，脚穿红布鞋，亦坐在田埂上休息，一位妇女挑着箩筐，手提水壶，正要离开。整幅图画表现了“僰夷”男女共同耕田犁地，在劳动的间隙坐在田边地头休憩的情景。

考释

“僰夷”即“摆夷”，又写作“百夷”“百彝”“摆彝”，是对傣族的他称。明代称傣族为“百（白）夷”，又将今德宏傣族为主的部分称为“大百夷”，以今西双版纳傣族为主的部分称为“小百夷(熟夷)”。但在明代万历年间，李元阳修万历《云南通志》，有意将“白夷”改写作“僰夷”，致使“白夷”（傣族）与“僰人”（白族）的书面文字记录相混淆。但在一般称呼中，白族称为“僰人”，傣族称为“僰夷”，仍有区别。清朝时期，对傣族的书面记录名称一般作“摆夷”，即“百夷”的同音异写。又把“大百夷”称为“旱摆夷”，“小百夷”称为“水摆夷”。主要集中在德宏州、西双版纳州以及孟连、耿马、新平、景谷、元江、金平、澜沧、双江、马关、文山、华坪、腾冲等县。

文中所记的“僰夷”清代分布在普洱府属的宁洱县,性情淳良,服饰、饮食起居与内地居民相差不大,男女共同栽种水稻,分散居住在普洱城附近的各个村落,村民都被编入户籍,向官府交纳钱粮,有的男儿因读书而一举成名后,也将从“夷”变“汉”,即逐渐融入到汉族当中。

《滇夷图说·僰夷图说》:“僰夷种在黑水之外,称‘百彝’,盖声相近而讹也。性耐暑热,多居卑湿棘下,故从棘从人。滇之西南,旷远多湿,僰彝宅之,种类数十,风俗稍别,名号亦殊。其缅甸者,为贵种。……其在禄丰、罗次、元谋、越州、江川、路南、临安、蒙自、阿迷、新化、纳楼、溪处、十八寨、顺宁、剑川、腾越、镇南、姚安、元江等郡邑,皆柔弱,与编民略同。惟彝习异俗,随地各别,亦有绝不同于别种者。此以缅为贵种,故独详之。”《滇夷图说·僰夷图说》图像主要表现文字中服饰与骑象的内容:“酋目辄系钑花金银宝带,官民皆冠箬叶大帽,累金玉珠宝为高顶,上悬小金铃,遍插翠花、翎毛,后垂红缨。贵者衣红绿绫缎,绣以金彩。以坐象为贵,十数银镜为络,银铃、银钉为缘,象鞍三面,以铁为栏,藉重裀悬铜铃。鞍后象娜一人,铜帽花裳,手执长钩制象,为疾徐之节。”图文对照,可见绘图者贴近文字的细致与功力。

《滇省夷人图说》:“僰夷,亦名‘摆依’,又名‘百彝’。俗淳,重祀礼,耐暑热,就卑湿处,支木作楼居,下杂牛马,釜甑用瓦,捕鼠或虾蟆以待客。云南府及他郡州皆有之。”《滇省夷人图说》的僰夷图像主要表现说文中描述的“僰夷”居住环境与祭祀场面,与《滇夷图说·僰夷图说》的骑象巡游画面截然不同。

乾隆《滇黔志略》卷十五《云南·种人》记述:“僰夷,一名‘摆夷’。在汉时已有此种。其部落壤接缅甸、车里，地多卑湿，居棘下，故字从棘从人。流传既久，散居各郡，故所属皆有之。男子青布包头，簪花，饰以五彩线繻，手执黑丝帕花巾，入市贸易。妇女盘发辫，亦以五彩线繻为饰，安妇业，常以小荷包二三枚盛白银于内，时刻不离。”

据《皇清职贡图》卷七“曲靖等府僰夷”条记载：“僰夷，一名‘摆夷’，汉为叵箵甸，唐为步雄、嶍峨二部，元初内附，其部落接壤缅甸、车里，今云南、曲靖、临安、武定、广南、元江、开化、镇沅、普洱、大理、楚雄、姚安、永北、丽江、景东十五府皆有之。随各属土流兼辖，与齐民杂处。男子青布裹头，簪花饰以五色线，编竹丝为帽，青蓝布衣，白布缠胫，恒持巾帨。妇盘发于首，裹以色帛，系彩线分垂之。耳缀银环，着红绿衣裙，以小合包二三枚，各贮白金于内，时时携之。地产五谷，宜荞麦。输纳粮税，常入市贸易。”《皇清职贡图》绘“僰夷”重在刻画其服饰，图文一一对应。

道光《云南通志稿》沿用《皇清职贡图》的画法，将“僰夷”男女二人合在同一画面中，为使画面协调，将女子的脸部从面向右侧改为左侧，与男子同向，作行进状。

道光《云南通志稿》卷一百八十三引《古今图书集成》：“顺宁城外村寨皆有之。居处皆与客籍同，惟语言各异，贸迁货居者少，耕织工作者十六七焉。男女妆服近多汉制。婚姻以礼，丧葬以助，惧公法，尚鬼神，粮无逋欠，迩来勤学能文列庠序者，济济其人矣。又身矮小力薄，耕平地，不谙种山。男女之性爱水，四季澡浴于河中。”

楚雄府、武定府的“僰夷”。康熙《楚雄府志》卷一《风俗·土人种类》：“男子以帕为冠，妇女出辄以帕覆顶面，别有乡语，居室器用与汉人同。性颇淳，勤稼穑，亦有为商贾者。”“性畏寒而喜暑，近水为居，冬入水浴。另有书字。或漆其齿，或漆其身。”（按，此处的两段史料，前一段讲的是白族，后一段讲的实为傣族。）

嘉庆《楚雄县志》卷一：“性警捷，善居积。多为行商，熟于厂务，应武童试者十居七八。俗好讼，破家不悔，有历数世而仍理前说者。好浮屠法，喜为僧，邑中之僧，十有九僰，积重难遽反。”（按，此条实为白族史料，但在道光《云南通志稿》中则被归入了傣族［僰夷］之中。）

康熙《武定府志》卷一《风俗》：“性畏寒，喜浴。别有书字。女人挑担，男子抱儿，杵臼造米，不食夙粮。此种元谋县为多。”

元江府有“僰夷”。康熙《元江府志》卷二《彝人种类》记载：“僰夷，性和缓柔懦，男女喜笙歌，婚娶不用媒妁，两相悦始婚媾焉。近城居者，慕汉俗，婚丧葬祭渐易，游泮子弟亦彬彬可观焉。”又元江府属新平县境内亦有“僰夷”。

康熙《新平县志》卷二《新化风俗》说：“摆衣，性懦气柔，畏寒喜浴。女人穿桶裙，担担；男子抱儿炊爨。男逸女劳。多以草药溅齿如墨。居炎瘴地，近河、土屋，耕田纳粮。有仇隙，用药毒人。婚无媒妁，以正月子日用色线结球抛之，两厢愿者，接而为夫妇。”近代新平县仍有不少傣族人口，甚至较之元江县为多。

道光《元江州志》：“性和缓柔懦。男女相悦，始婚媾。喜笙歌，近知向学，亦有游泮者。”

道光《新平县志》卷六《土司 · 种人附》：“猓夷一名‘僰夷’，性懦气柔，畏寒喜浴，食糯米、蜻蜓，女人穿桶裙荷担，男子抱儿炊爨，男逸女劳。多以草药溅齿如墨。居炎瘴地，近河、土屋。耕田纳粮，有仇隙，用药毒人。婚无媒妁，以正月子日用色线结球抛之，两厢愿者，接而为夫妇。”

临安府有“僰夷”。雍正《临安府志》卷七《风俗 · 附种人》

说:“猓猔,性柔弱,喜浴,语言似鸟音,通汉语。男以布缠头,穿青衣;女以布盖头,衣服用海吧为饰,下身着桶裙,镶边绣花。居多近水,各州县间有之。纳楼等三司、溪处等六乡颇多。”

永昌府有“僰夷”。光绪《永昌府志》卷五十七《群蛮志·种人》:“僰夷,种在黑水之外,称‘僰夷’,盖声相近而讹也。他处多有之,详见《通志》。其在腾越者,火炙肉食,不求其熟,或取蜂糟而食之。习缅字,器用粗磁。”

景东厅有“僰夷”。嘉庆《景东直隶厅志》:“男皂衣,以青布绞足胫,肩挂春袋,染齿令紫红,喜浴。女短衣齐腰,下穿桶裙,以宽带缠腰。织布疏软,不堪取用,惟以自给。又性慵懒,骨力不健,语音柔缓,呼父为‘波’,呼母为‘咩’,多织网笼捕鱼,无经商力作者。若占吉凶,用鸡肋插竹签、打鸡卦以决之。性喜酸畏冷。”

清代改土归流后,靠内地区傣族中的封建领主制被废除,地主经济确立,与汉文化的交流也进一步加深。雍正《顺宁府志》卷九说,这部分人“解汉语,习俗多效汉人,亦有识汉字作华言,冒籍于近方之彝,卒难与辨”。康熙《元江府志》卷二说:“僰夷, ……近城居者,慕汉俗,婚丧葬祭渐易,游泮子弟亦彬彬可观焉。”

苦　葱

原文

属宁洱，性情粗鄙，男人穿青蓝衣裤，女穿青蓝衣裙，并无小衣，居处不定，烧炭割草为生，物喜臭辣。

图解

图中描绘的男子身穿青蓝布短衣裤，赤足，正挑着一担炭到集市上去，旁边一小儿也背着一筐炭，正转身招呼走在后面的母女。紧随其后的母女二人身穿灰色短衣，下着蓝色条纹布桶裙，红色镶边，赤脚，背着茅草织成的草排。整幅图画表现了“苦聪”全家四口背负烧炭和草排匆忙赶往集市出售的情景。

考释

“苦葱”即“苦聪”，又写作“苦宗”“小古宗”“野古宗”“苦聪”，皆为同音异写，属氐羌系统民族，与乌蛮有着直接的族属关系。清代的分布区域为临安府、元江府、景东府、镇沅州、普洱府等地，即分布在滇南地带，主要居于思茅、红河和西双版纳的山区，即近代“苦聪”和哈尼族中“哥搓”支系的散居区域。

“苦聪”，古称“锅锉”，今分别归入拉祜族和哈尼族中。唐初出现的“锅挫蛮”后逐渐分化，一部分形成了“苦聪”，一部分形成拉祜族，一部分形成哈尼族中的“哥搓”支系。清代记录中，“苦聪”与哈尼族中的“哥搓”很难区分，一般说来，生产生活比较先进的部分是哈尼族中的"哥搓",较落后的部分则是"苦聪"。

此条中所记的"苦葱"清代分布在宁洱县(属普洱府管辖),即今普洱一带。其性情豪放,男人穿青蓝布衣裤,女穿青蓝布衣裙,不穿内衣,居无定所,以烧木炭割茅草为生,喜欢吃辛辣的食物。

康熙《新平县志》卷二《新化风俗》说:"苦葱,性险,居山崖,种荞稗度日,衣裤一连,男女混杂,不知礼仪。"

康熙《元江府志》卷二《彝人种类》说:"苦葱,居无定处,缘箐而居,衣粗食淡,故以苦名。刀耕火种,常食荞麦,男女衣服多同糯比。"

雍正《云南通志》卷二十四说:"苦葱,临安、元江、普洱皆有之,性险,居山崖,种荞稗度日。男女混杂,不知礼仪,衣服多同糯比。"

乾隆《滇黔志略》卷十五《云南·种人》记述:"苦葱,爨蛮之别种,临安、元江、镇沅、普洱四府所属有之。人面貌丑陋。男子执刀弩,猎禽兽以食。妇女负篾笼,入山采药。以六月二十四日为年,以腊月二十四日为岁首;至期,宰牛烹羊祀祖考,男女醉饱,群相歌舞。"

道光《普洱府志》卷十八《土司·种人附》说:"苦猔,宁洱、思茅、威远、他郎皆有之,性情淳良,居山崖,种荞稗,近亦颇知安分。男穿青蓝布短衣裤,女穿青蓝布长衣,下着蓝布桶裙,短不掩膝。耕种之外,男多烧炭,女多织草为排,负买于市。"按,《普洱府志》所记录的这部分"苦宗",显然是哈尼族中的"哥搓"。

道光《云南通志稿》卷一百八十五引《宁洱县采访》《他郎厅志》说:"思茅、威远、他郎、宁洱有之,性情淳良,近亦颇知礼仪。男穿青蓝布短衣袴,女穿青蓝布长衣,下着蓝布桶裙,短不掩膝,耕种之外,男多烧炭,女多织草为排,负鬻于市,剥蕉心煮食,亦负薪入市。"

道光《云南通志稿》卷一百八十五引《思茅厅采访》说："形状粗野，打猎为生，居处无常，山荒则徙。"仍处于"毋常处"的游猎迁徙状态之中。

道光《云南通志稿》卷一百八十五引《皇清职贡图》说："苦聪，爨蛮之别种，自元时归附。今临安、元江、镇沅、普洱四府有此种，居傍山谷。男子椎髻，以蓝布裹头，着麻布短衣，跣足，挟刀弩猎禽兽为食；妇女短衣长裙，常负竹笼入山采药。土宜禾稻，岁输粮赋。其在三猛者，以六月廿四日为年，十二月廿四日为岁首，至期烹羊、豕祀先，醉饱歌舞。"定居于普洱、临安等地的"苦聪"，农业生产在经济生活中已占主导地位，狩猎和采集仅作为补充。分布在镇源、元江、景东等地的"苦聪人"又被称为"野古宗""小古宗"。

道光《云南通志稿》卷一百八十四引《恩乐县志》说："古宗，多山居，种地而食，性嗜酒，男女皆负柴薪野蔬入市，必易一醉而归。其衣服或麻或布。女人辫发，至老不束髻，婚礼以银或牛，无拘数目，娶日亲戚会饮，吹芦笙为乐。无床褥，环火而眠。丧葬火化，不拾骨，即于焚处掩土葬之。"

道光《云南通志稿》卷一百八十四引《伯麟图说》说："野古宗，貌深黑，于岩石崒屼处与麋鹿伍，无室庐也。镇沅州及元江有之。"

雍正《景东府志》卷三说："小古猔，男如小猡猡，女短衣，以带缠腰，下着麻布密褶裙，织麻布。以叶构棚，无定居。略种杂粮，取山芋野菜以为食，性喜猎，嗜酒，丧葬掩土，不知祭祀。"

清代的记录显然是把近代"苦聪人"和哈尼族中"哥搓"的先民视为一种，并没有也不可能把他们严格区分开来。但其中有一部分的生产、生活方式和风俗习惯与"窝泥"比较接近，至近代即为哈尼族中的“哥搓”支系；另一部分则继续其“以叶构棚，无定居”，“打猎为生，居处无常，山荒则徙”的生活方式，至近代即为“苦聪人”，为拉祜族的一支。

清代的“苦聪人”仍较为落后。他们虽在山区从事定居农业生产，但都是原始的“刀耕火种”式的粗放型农耕劳作，耕地显然不固定，流动性比较大，狩猎和采集仍占很大比重。所谓“男女混杂，不知礼仪”，说明在他们的生活中仍保留有更多原始社会的民风习俗。

近代的“苦聪人”仍散居在滇南一带的深山密林之中，生产生活都比较落后，四处迁徙流移而未能完全定居。“苦聪人”的语言有一部分和拉祜族相近，另一部分则与哈尼族相近，所以其族属问题也难以认定，直到 1985 年才正式恢复为拉祜族。

白猓猡

原文

宁洱属，性情粗蠢，男女穿白麻布衣裤，外披羊皮，头戴头发做成大帽，刀耕火种，嗜好酒、捕猎，每逢六月二十四日，点火把，吹胡笙，跳唱歌舞，以祈年丰，与黑猓猡相同。

图解

图中描绘的男女身穿白麻布衣裤，外披草蓑衣，山野四周布满了火把，在火光的映照下，有的唱歌跳舞，有的吹奏葫芦笙，有的自斟自饮，有的送酒助兴。整幅画面表现了"白倮㑩"男女在每年六月二十四日"火把节"到来时载歌载舞，吹笙饮酒，彻夜狂欢，以祈求丰收的节日气氛。

考释

"白猓猡"即"白㑩㑩"，又写作"白猡猡""白罗罗"，为旧时对今彝族的他称。"白㑩㑩"是彝族中社会地位较低的阶层，即彝族中的贫贱者，后来其本身也出现了贫富分化。他们可能是早年被彝族征服的其他民族，后来逐渐被彝族所同化。"白㑩㑩"与"黑㑩㑩"都属彝族，他们在风俗习惯、社会组织、语言文字等文化特征上相一致。

云南的"白㑩㑩"都是"撒摩都"支系。"撒摩都"是从汉晋时叟、昆明族中演化而来的一个彝族支系，唐初称"些莫祇"，宋时称

"些么徒",元朝称"些莫徒",明清时称"撒摩都",民国称"罗罗"。"撒摩都"是"乌蛮"中人数最多、分布最广、生活习俗接近汉族的一个支系。①

文中的"白啰啰"清代分布在宁洱县一带,性情淳厚直爽,男女穿白麻布衣裤,外披羊皮,头上戴着用毛发做成的大帽子。刀耕火种,嗜好喝酒捕猎,每逢六月二十四日,要点燃火把,吹奏葫芦笙,唱歌跳舞,以祈求年年丰收,习俗与"黑啰啰"相同。

道光《普洱府志》卷十八《土司·种人》载:"白倮猡即白猡猡,思茅、威远、他郎有之。性情耿直,男女皆穿青蓝白短衣裤,外披羊皮,腿缠青布。刀耕火种,并好游猎,婚不凭媒,病不服药。以六月二十四日为庆岁。男女杂聚,携手成圈,吹笙跳舞,名为'跳笙'。"

乾隆《滇黔志略》卷十五《云南·种人》记述:"白猡猡,于夷为贱种,一名'撒马都',又称为'洒摩',各郡皆有。男子青布蒙头,胸挂花包,性直朴,亦能读书。妇女头缀海巴、锡铃以为饰,身穿杂色布衣,缠足着履。风俗惟婚姻以牛马为聘,聚众讧于女家。祭以丑月二十三日,插山榛三百枝于门,割烧豚侑以酒食,诵夷经,罗拜为敬。有故,则以手量裙边,投麦水中,验浮沉以当占卜。"

康熙《罗平州志》卷二《风俗》载:"白倮猡,多衣褐,又次于干倮猡。妇人披衣亦如袈娑,戴数珠,跣足。丧无棺,缚以火麻,舁于木架焚之山。既焚,招魂以竹签裹絮少许,置小篾笼,悬生者床间,祭以丑月廿三日,插山榛三百枝献之。"

道光《云南通志稿》卷一百八十二记载:"白猡猡,男穿两截衣,裹头跣足。妇人耳带铜环,披衣如袈裟,以革带系衣。丧无棺,

① 白仲和:《元江彝族族源初探》,2009年2月6日,彝族人网(www.yizuren.com/yistudy/yxyjjx/20183.html)。

缚以火麻，裹毡，舁于竹椅，前导七人，环甲胄，执枪弩，四方射，名‘禁恶止杀’，焚之于山，既焚，鸣金执旂招其魂，以竹签裹絮少许置小篾笼，悬于生者床间。祭以丑月二十三日，插山榛三百枝于门，列篾笼地上，割烧豚，每笼各献少许，侑以酒食，诵夷经，罗拜为敬。婚姻惟其种类，以牛马为聘，及期，聚众讧于女家，夺其女而归。性窳惰淫湎，信鬼畜蛊，以手量裙边，投麦于水，验其沉浮以当占卜。在云南、徵江、临安、永昌者渐习王化，同于编氓；其在蒙自、定边尚称顽梗；在曲靖者，于夷为贱种；在江川、大理、姚安皆称‘撒马都’，在楚雄为‘洒摩’，在永昌为‘撒马朵’。大抵寡弱易治。”

道光《云南通志稿》卷一百八十二引《皇清职贡图》说：“白猡猡，于夷种为贱，云南等府及开化、景东皆有之。一名‘撒马都’，又称为‘洒摩’。其部落贡税与黑猡猡同。居处依山箐，或居村落。男子以布蒙首，衣短衣，胸挂绣囊，着革履。妇女椎髻，蒙以青蓝布，缀海巴锡铃为饰，缠足着履。勤于耕作，婚姻以牛马纳聘，祭用丑月，插山榛三百枝于门，诵经罗拜，有占卜则投麦于水，验其浮沉。其言语、饮食、输赋税均类齐民。”

徵江府的“白倮倮”。康熙《徵江府志》卷八说：“白猡猡，男穿两截衣，裹头跣足。妇人耳带铜环，披羊皮，于衣上以布带系腰。丧无棺，……焚之于山，既焚，鸣锣执旗以招魂，以竹签裹絮少许置小篾笼，作神主祭。以丑月二十三日，插山榛柏枝于门，列篾笼土上，割烧豚，每笼各献少许，侑以酒食，诵彝经，罗拜为敬。婚姻惟其种类，以牛马为聘。性窳堕淫湎信鬼，以手量裙边，投麦于水，验其浮沉以当占卜。其种寡弱易治，州县皆同。”

道光《云南通志稿》卷一百八十二引《伯麟图说》说：“白猡猡，性朴直，裹头跣足，披羊皮如蓑。负薪入市。近颇有耕而读者。徵江府及他郡州皆有之。”

临安府的“白倮倮”。雍正《临安府志》卷七《风俗·附种人》说:“白猡猡,裹头跣足。妇人带铜环,常以[带]系腰。婚姻惟其种类,以牛为聘。近渐习王化,同于编氓。”

楚雄、武定、姚安、大姚、大理一带的“白倮倮”。康熙《楚雄府志》卷一《地理志·风俗》说:“洒摩,近汉人,知书诗。”

雍正《云南通志》卷二十四说:“白猡猡,……在楚雄为洒摩……。”

道光《云南通志稿》卷一百八十五引《伯麟图说》说:“洒摩,性驯谨,善种麻,沤且绩之,负以入市,有农而士者,尤彬彬矣。楚雄府属有之。”

康熙《武定府志》卷一《风俗》说:“白彝,即白猡猓,住和曲(今武定)之麻地、法朗,禄劝之大弥陀、龙潭等处。性狡,包头,洗面,不挽长髻。迎春日,赴各衙门吹笙跌脚。”

道光《大姚县志》卷七《种人志》载:“白猓猡,性驯而愚,男子裹头跣足,披黑羊皮;妇人辫发,青布缠头,披白团毡片,胸前束围腰布,结带,缀五彩缨拂。四五岁即嫁娶。娶之日,夫家以羊、酒往迎,女家以人负女送至其门室,不合卺。男女杂坐饮酒,饮毕,女仍回母家,俟及岁,始配偶。常男女偕入城市,贸麻布、麻线、蜂蜜、松明之类。东北界近城十六里均有之。”

永昌、顺宁、景东一带的“白倮倮”。康熙《永昌府志》卷二十四《土司·种人》说:“白猓猡,男衣两截衣,裹头跣足;妇人耳带铜环,披衣如袈裟,系腰以革带。丧葬无棺,婚姻惟其种类,聘用牛马猪鸡不等。永昌山谷间有之,渐习王化,同于编氓。”

雍正《顺宁府志》卷九说:“撒马都,《通志》谓:白猓[猡]之在姚安、大理者,皆呼此名。今顺郡最多,大都寡弱易治,亦有能知文字,肯读书,舌音轻便,多冒汉人。”

康熙《云州志》卷五《风土考·种人》说:“撒马朵,稍有汉人之风，性情嗜，尚与猓彝相近。”

道光《云南通志稿》卷一百八十二引《皇清职贡图》说：“白猡猡，……景东皆有之。一名‘撒马都’，又称为‘洒摩’。”

从以上所引史料可以看出，清代的“白倮倮”主要分布在徵江、江川、楚雄、姚安、大理、永昌、顺宁、景东一带，在楚雄的称“洒摩”，在江川、大理、姚安的称“撒马都”，在永昌的称“撒马朵”。与同区域的“黑倮倮”及汉、僰（白）等族相杂居，一般比“黑倮倮”更多地吸收了汉族文化而进入了汉化的过程中，因而“渐习王化，同于编氓”。

“白倮倮”因大部分临河而居，以种植水稻为主，因而又被称为“水彝”，主要分布于大姚、永仁二县，另有部分水彝自称祖籍为乌蒙（今昭通），元朝时迁来。①

近代自称“撒摩都（撒尼濮）”的仅在昆明郊区还有一部分，包括今呈贡、晋宁、安宁一带的彝族和部分汉族。而由汉族演化过来的那部分彝族则自称为“子君”，即清代云南府的“子间”。②

① 杨甫旺、杨杨：《楚雄彝族文化的源与流》，《楚雄师范学院学报》2016年第10期。

② 白仲和：《元江彝族族源初探》，2009年2月6日，彝族人网（www.yizuren.com/yistudy/yxyjjx/20183.html）。

沙　人

原文

属思茅，力大强壮，每逢隘口调往堵御，练习刀镖，出阵衔食草药，刀枪不能伤身，不纳粮当夫，夷人甚畏之，婚配俱与猓夷相同。

图解

图中描绘的女子头戴黑色大包头，上穿白色短衣，下套花布长裙，内着长裤，脚着红色布鞋，肩挑两个竹篓，正沿着河边走来。旁边站着一位中年男子，头顶草帽，身着灰色短衣裤，腰系围裙，手持弓弩。整幅图画表现了"沙人"男女依山傍水而居，男子上山打猎，女子下河捕鱼的经济生活。

考释

"沙人"为今云南壮族中的重要支系之一，与"侬人"相同，均因历史上其氏族集团统治者的姓氏而获其名。

"沙人"是古僚人的一部分，宋末元初从西原蛮中分离出来，宋代与"侬人"同居于广南西路。明、清地方志书中，多与"侬人"一起记载，并有"白沙人""黑沙人"之称。清代，"沙人"分布较广。散居各地的"沙人"，一直不存在自己独立的经济区域或政治组织结构，因此，在广南府境内的从属于"侬人"，在师宗等地的从属于当地的彝族。而其语言及风俗习惯则自始至终都与"侬人"相近。

本条所载的"沙人"清代分布于思茅厅（属普洱府管辖）辖境

内，即今普洱市一带。其性情强猛，遇事争先恐后，常被调往关卡隘口堵截防御，练习刀枪飞镖，出战时口中嚼食一种草药，据说能刀枪不入。不向官府交纳钱粮和应夫当差，其他民族都畏惧他们，婚嫁习俗及语言服色均与“摆夷”（傣族）相同。

“沙人”大部分聚居于广南府，亦散居于广西、曲靖、临安、开化、元江府等地。以下分别述之：

乾隆《滇黔志略》卷十五《云南·种人》：“安南土酋沙氏之苗裔，在夷中最为骁勇。明世，屡为沐氏所平。本朝顺治二年，土酋沙定洲作乱。五年，为李定国所擒。十五年，大师平滇，沙人归附。今广南、广西、开化等府所属有之。其居处依深箐，名曰‘掌房’，上处人，下养蓄。寝无衾枕，男女坐牛皮，拥火达旦。风俗多同侬人，而剽劫过之。”

傅恒等人编修的《皇清职贡图》综合各类材料，对当时广南府等地的“沙人”进行了较为详细的描述：“沙人，安南土酋沙氏之裔，明初隶广南、广西府，屡不靖，沐氏讨平之。后土官沙定洲据会城，为李定国所擒。本朝顺治十五年平滇，与迤东各郡同时归顺。岁输粮赋，散处广南、广西、曲靖、临安、开化等五府。其居多在高山深箐，名曰‘掌房’。寝无衾枕，坐牛皮中，拥火达旦。以耕渔猎兽为生，出入带刀弩。性狡而悍，男女衣饰颇类齐民。其风俗多同侬人，而慓劲过之。”广南、广西、曲靖、临安、开化五府之内都有“沙人”。但其中有的府是府属各州都有“沙人”，如广西府；而有的府仅少数州有“沙人”，如曲靖府仅罗平州有“沙人”。清代的临安府所辖州县及各长官司辖地内都有“沙人”居住。

广南府历来为“沙人”居住地区，当地“沙人”分为“白沙人”“黑沙人”两种。据道光《广南府志》卷二《种人》载：“白沙人，散居四乡，性情顽梗多疑。每于暇日，男女俱往河内捞鱼，时当耕种，彼此辛勤。至于农隙之时，亦有贸易为生者。丧葬用火，衣服尚白色。惟土富州有此。”“黑沙人，散处溪河。性情狡悍，素好仇杀。居处不论山巅，悉以木片盖屋。男女俱耕种，亦知贸易。又一种，性情暴戾贪利，散居深山及近河渠之所，耕种为业，不事生理。惟土富州有此。”即广南府的“沙人”主要分布在其东北部、北部及土富州，皆“散居”或“散处”，有的从事农业，也有“以贸易为生者”。近代广南、富宁二县的壮族人口中即包括“沙人”在内。

广西府有“沙人”。道光《云南通志稿》卷一百八十四记载：“在广西者属于陇氏，在富州者属于李氏、沈氏，维摩水下地辽阔，诸夷互争，以强力相兼并，又有青龙六诏者，狰狞尤甚。地产老杉，生悬岩千丈间，伐之多无全材，坚逾蜀产。罗平州亦有沙人，器用木，婚丧以牛为礼。”

道光《云南通志稿》卷一百八十四引《伯麟图说》：“沙人，多艺，能于悬崖千丈间伐老杉，量材成器。又能作沙釜、竹匙以易粟。广西州及他郡皆有之。”

据康熙《师宗州志》卷下《赋役考》载：“师宗昔称羁縻州，地瘠不宜稻麦，赤壤即果蔬之属亦罕有。沙人居其七，猓猓居其二，汉人只一耳。”卷下《土司考・附种人》载：“沙人有黑白二种……雄比、恕雄、沙完、竜缺等村寨有之。”清代广西府的“沙人”集中聚居于师宗和邱北一带。

雍正《师宗州志》卷下《土司考・附种人》：“沙人，有黑、白二种。所居架木为楼，四垂檐瓦，男妇共处一室，祖堂、厨房、卧处备马，牛宫、豕栅、鸡埘、羊圈、马厩俱列楼下，臭秽口也。服饰似汉人，亦椎头，间有戴帽履帽袜者。以争占田土为事，多依山箐，出入必携刀枪，酗酒仇杀，其性也。婚嫁以牛羊为礼，死用火化，不葬不祭。雄比、恕雄、沙完、竜缺等村寨有之。言语同别种，稍知汉语。”

清初师宗州（包括今师宗县和丘北县的大部分）境内的主体民族当为“沙人”，也分为“白沙”“黑沙”两种，他们“以争占田土为事”，已稍受汉人影响。师宗州的“沙人”主要聚居在上下七嶆，上七嶆的“白沙彝”与黑耳嶆的“黑沙”人“无姓氏”，“好仇杀”，“性皆犷悍”，有多种兵器，在水边居住，从事农业，且能“编藤为墩”。

弥勒州也有“沙人”居住。乾隆《弥勒州志》卷二十一《土司·种人附》记载：“种家，亦作‘仲家’，即沙人也。性刚直，出入佩刀，善弓弩，好猎，亦善耕种。男穿青蓝两截衣，头戴青帕，跣足；女如男，束发插簪戴帕，穿绣衣绣裙，饮食与摆衣同。不淫，劫掠为事。父母死亦知戴孝，不食肉，差异于诸夷。”近代泸西、师宗、弥勒、邱北四县仍多有壮族人口，且大部分自称“布雅依”，即“沙人”。

曲靖府罗平州有“沙人”。康熙三十年《罗平州志·种人》：“沙人，以沙为姓。习尚多类侬人，近水楼居，甘犬嗜鼠。妇人穿短衣长裙，跣足。男子首裹青帨，亦衣短衣。器用木器。婚丧以牛为礼，晏客设铜鼓取乐。……世传此辈原籍粤之西东，元初入罗（平）充实地方，年远相沿，遂化为彝。”可知罗平州的“沙人”并不是当地的土著，而是元初迁来。

又康熙五十七年《罗平州志》卷二《风俗志》：“沙人，一号仲家，习俗同侬人。喜楼居，务耕织。妇人衣短衣长裙，男子首裹青帨。器用木。婚丧以牛为礼，死用薄棺葬，女媳盛妆罗立，曰‘站场’。毕，舁于野，焚而掩之。病不医药，惟事卜鬼占决吉凶。另有卦书。”近代罗平县仍有数千壮族人口，且皆为“布雅依”，即“沙人”。

开化府有“沙人”。据乾隆《开化府志》卷九《风俗·种人》：“沙人，习尚同侬人，慓劲过之。亲死，所祭之肉不食，或弃或馈诸同人。”清初开化府内有许多“沙人”的村寨，共有“沙人”聚居49寨，占总寨数的4.1%。随着汉族移民的增加，“沙人”逐渐被同化。

清初王弄、安南二里有“沙人”聚居11寨，新现里有“沙人”聚居10寨，其中与汉人、“母鸡”杂居3寨，永平、逢春二里有“沙人”聚居20寨，东安里有“沙人”聚居8寨。① 近代文山、西畴、砚山、麻栗坡、马关等地的壮族，仍有一部分自称“布雅依”，即“沙人”。

临安府有“沙人”。清代临安府(治今建水县)管辖的建水县、石屏州、阿迷州、宁州、通海县、河西县、嶍峨县、蒙自县及纳楼茶甸长官司、亏容甸长官司、左能寨长官司、思陀甸长官司、落恐甸长官司等地也有“沙人”居住。

据康熙《阿迷州志·风俗》:“沙人依水楼居，性习狡诈。”

雍正《阿迷州志》卷十一《种人》:“沙人习俗大约与僰彝(百夷)同。刀枪器械寝处不离，慓劲好斗，性习狡诈。”阿迷州在今开远，清代属临安府。阿迷州中的“沙人”也不是当地土著，生性好斗，语言“差可识别”。近代开远一带仍有壮族人口万余人，其中即包括了“沙人”的后裔在内。

蒙自县内的“沙人”多居住在山谷中，“多艺能”，有“不落夫家”的习俗。康熙《蒙自县志》卷三《土官·附彝俗》:“沙人，性狡而悍，多居山谷。家有丧则不茹荤三日，祭死者与獛猁同，其祭肉不食，或弃之，或馈于诸彝。”近代蒙自县仍有壮族人口近两万人，其中即包括了“沙人”的后裔在内。

嘉庆《临安府志》卷十八《纳楼土司所辖种人》条:“沙人，性狡悍，居深箐有水处，善捕鱼，削竹伐木以为器用。”清初纳楼土司辖境，仍包括今建水县南部至元阳县地区，这一带居有“沙人”。近代建水、元阳、金平一带仍居有部分壮族，且多为“沙人”。

---

① 颜洁:《历史文献中的沙人——少数民族支系研究之一》,《广西民族研究》2009年第1期。

滇南元江府有“沙人”。据康熙《元江府志》卷二《彝人种类》：“沙人，习俗多同侬人，慓劲过之。惟元江境内止在惠远、定南二里。地产老杉，生悬崖千丈间，伐之多无全材。器用木。婚丧以牛为礼。强梁称胜，诸夷畏服。”近代元江县已无“沙人”。

思茅厅有“沙人”。道光《普洱府志》卷十八《土司・种人》载：“沙人，思茅有之。习俗多类广西（州）侬人。性情强猛，遇事争先。言语服色与猓夷相同。居多近水，喜食酒及腥辣等物。男子常佩镖弩，妇女亦纺织。以耕种渔猎为业。”近代易武之沙人村、那着村仍有一部分壮族，即“沙人”。易武在清代属思茅厅管辖，则道光《普洱府志》中记载的思茅“沙人”，实际居住在易武。近代思茅县已无壮族。

在普洱府的他郎厅、勐龙（今西双版纳州景洪市勐龙镇）亦有“沙人”分布。普洱府是云南“沙人”居住区的最西端。据道光《他郎厅志》载：“沙人，性情强悍，言语服饰与猓夷相似。居多近水，以渔猎为业。如遇官差赴寨，辄以药入饮食，令人气胀，几至殒命，谓之沙药。”近代西双版纳勐腊县仍有部分“沙人”居住，只是墨江县已无“沙人”。

清代“沙人”的生活习俗与当地“侬人”相类似。近代“沙人”自称“布雅伊”（或作“布越”“布越衣”等），与富宁土族，广西、贵州布依族自称相同，当为今壮族中的“布依”（或“布雅伊”）支系，与广西壮族中的“北壮”为同一方言。

清代云南之“沙人”，主要居于广南、广西、曲靖、临安、开化、元江等府和他郎、思茅厅。沙人的迁徙和流动至少到近代还未停止。在近代汇合为壮族以前，“沙人”与“侬人”为两个相安而居的氏族集体，关系密切而亦存在差别。新中国成立后，文山等地的“沙人”成为壮族的一个分支，而罗平等地的“沙人”被确认为布依族。

三作毛

原文

居思茅,性情平和,种茶为业,身穿麻布,发留三撮,相传诸葛武侯至其地,以中发为武侯所留,右发父母所留,左发本命所留,足缠红藤,好捕孔雀野物。

图解

图中描绘的男子头发留左中右三撮,上身赤裸,肩背挎包,下穿短裤,身背孔雀,手提野味,女子身穿麻布短衣桶裙,手持弓弩梭镖,牵着猎狗,男女赤足,以红藤篾缠腰及手足。整幅图画表现了“攸乐人”男女共同进山捕猎的情景。

考释

“三作毛”又作“三撮毛”,即“攸乐”,清代道光年间始见于记载,由于当时的统治者注意到其“发留中左右三撮”的发饰特征,遂称之为“三撮毛”。又自称“基诺”,“基”为舅舅,“诺”为后边,意为“舅舅的后代”或“尊敬舅舅的民族”,为今基诺族支系。“攸乐人”“攸乐”为当地对他们的称呼。近代基诺族中,仍有留三撮头发的习俗。

文中所载的“三作毛”清代居住在普洱府所辖的思茅厅境内,性情平和,以种茶为业,身穿麻布衣服,头发留成三撮。相传诸葛亮到过此地,当地人就传说中间的头发是诸葛亮留下的,左边的头发是父母留下的，右边的头发是自己留下的。腿上缠着红藤，喜好捕猎孔雀野兽为食。

道光《普洱府志》卷十八《土司·种人》记载："三撮毛即猓黑派，其俗与猓夷、僰人不甚相远。思茅有之。男穿麻布短衣裤，女穿麻布短衣桶裙，男以红黑藤篾缠腰及手足，发留中、左、右三撮，以武侯曾至其地，中为武侯留，左为阿爹留，右为阿嬷留；又有谓左为爹嬷留，右为本命留者。以捕猎取野物为食，男勤耕作，妇女任力。"

又光绪《普洱府志》卷四十六引《伯麟图说》记载："三撮毛，种茶好猎。薙发作三髻，中以戴天朝，左右以怀父母。普洱府属思茅有之。"

所谓的"三撮毛"是当时的统治者对"攸乐人"（基诺）带有歧视性的称呼，但"攸乐人"（基诺）也确实有过在头上留发三撮的风俗。直至近代，"攸乐人"（基诺）的共同特征之一，仍然是在头上保留三撮头发，居住的地方也仍然是在攸乐（基诺）山区。道光《普洱府志》说他们是"猓黑派"，即与彝语支中的"倮黑"（拉祜）在某些方面相近；又因其长期杂居在"摆夷"（傣族）聚居区内，某些方面受到当地傣族的影响，所以"其俗与猓夷、僰人不甚相远"。这就使"攸乐人"的族属问题难以确定，直到1979年6月6日才被认定为单一民族——基诺族，是我国识别最晚的民族。

清朝初年，基诺族社会发展还比较缓慢，"以捕猎取野物为食。男勤耕作，妇女任力"。在从事农业生产的同时，狩猎仍然占经济生活中的一定比重。虽然农业和狩猎并举，但直到清末，生产力水平还很低下，农业生产发展水平并不高，农业生产工具还较为原始粗糙，耕作技术多半是刀耕火种、轮歇丢荒耕作，还未耕种水田，农作物以旱谷为主，同时还种植玉米和瓜豆，经济作物主要是棉花和茶叶。清初以来，基诺族居住的攸乐山区是普洱府思茅厅所属著名的六大茶山之一。攸乐山区的茶叶生产曾经盛极一时，不少外地客商纷纷前往购茶。

清雍正七年（1729）在攸乐山设立过攸乐同知，并驻军500人进行统治，还修筑了攸乐城。但因耐不住“烟瘴”，不得不撤出，并罢免了攸乐同知，同时任命思茅厅攸乐土目，利用基诺族头人进行统治。然而基诺族却长期处在傣族车里宣慰司的统治之下，车里宣慰司任命基诺族头人为“叭”“叭竜”“鲊”“先”等头目进行统治，这对基诺族社会产生了深远影响。

民　家

原文

生于思茅地方，喜穿五色衣服，头顶包头。栽种纺织与内地民人相似，每日上街买卖，喜饮酒食。性淫，见人即引诱之。亦多有殷实人家，与城内民人结亲，并有读书成名者。

图解

图中描绘的女子头顶包头，身穿青蓝布长衣，外罩灰色背心，下穿短裙，脚穿绣花鞋，背着装有蔬菜、粮食、酒肉的背篓，正走在通往集市的山路上。一头戴斗笠，身穿青色长衫，肩扛雨伞，挎着褡裢的中年男子匆匆从后面赶来，从装束上看应为汉族商人。整幅图画表现了三位白族女子正赶往集市买卖货物，途中遇到一位汉族商人，回头打招呼的情形。

考释

“民家”即今白族，这一称呼始于明代后期，这是因为明初在白族地区广泛推行军屯、民屯，明代以后有大量迁入的汉族人口，多为驻守、屯垦的军户、民户，其余土著民族则被称为“夷户”。白族常与汉族相杂居，经济、文化水平亦相接近，遂称为“民家”，以示与夷户、军户和民户的区别。但这一称呼至清初以后才普遍起来，一直延续到新中国成立初期。清代的一些文字记录，又将白族称为“僰子”“僰儿子”“白子”“白儿子”“民家子”“名家子”。

文中所指的"民家"清代居住在普洱府属的思茅厅一带。喜欢穿红、绿、青、蓝、白五种颜色的衣服，头顶包头，栽种庄稼、纺纱织布与内地汉族相似。每日上街买卖货物，喜爱饮酒。亦有不少殷实富足的家庭，与城内的汉人结为亲家，并有读书而一举成名的人。

《滇省迤西迤南夷人图说·僰夷》："边疆村寨处处均有。性淳良，服食起居与内地民人不甚相远，又名'民家'。男以耕读为业，女以纺织治生。"《滇省迤西迤南夷人图说·僰夷》认为"僰夷"又称"民家"，这意味着"僰夷"即使不是"民家"，也与之有着密切关系。"民家"又与"白人"相关。"僰"即"白"的这种认识在明万历《云南通志》前曾经流行过，万历《云南通志》后受到主流志书的反对。

清代，大理仍为白族较为集中的主要聚居区。据道光《云南通志稿》卷一百八十二记载："古白国之支流也，旧讹'僰'为'白'，遂称为一类，其实不相通。云南诸郡皆有之，俗与华人不甚远。"

道光《云南通志稿》卷一百八十二引《皇清职贡图》："白人，其先居大理白崖川，即金齿白蛮部，皆僰种。后居景东府地。而云南、临安、曲靖、开化、大理、楚雄、姚安、永昌、永北、丽江等府俱有之。随各属土流兼辖。其居处与民相杂，风俗衣食悉仿齐民。有读书应试者，亦有缠头跣足、衣短衣、披羊皮者，又称'民家子'，岁输赋税。"

道光《云南通志稿》卷一百八十二引《伯麟图说》："力穑知礼，谓之'民家子'，云南府及大理有之。"

乾隆《赵州志》卷一《风俗·附种人》："白人，一称'民家'，多白国张乐进求之裔，及赵氏、杨氏、段氏之后。有僰字，善夷语，信佛事巫，常持斋诵经，然性勤俭力田，颇读书，习礼教，通仕籍，与汉人无异。”

乾隆《云南县志》卷四《种人》：“白人一种，即今之民家，系白子国蒙、段之后及元时遗裔，多信佛，勤俭力田，读书通（仕）籍，与汉人无异。”即清代居于府、州、县城镇中的白族人口，在经济、文化发展上已与汉族基本相同，在农村和山区的白族人口，则相对落后，在保持了原有的经济、文化特征的同时，也接受了与其共同杂居的其他民族的一些影响。

蒙化的白族。据康熙《蒙化府志》卷一《风俗》：“僰人，即白人也。编入里甲，有粮差者谓之土著。此蒙诏时徙大理属民以实蒙化者。耕种为业，俗近汉人。”可知蒙化的白族人口为南诏时期从大理地区迁入的，清代亦居于蒙化。又康熙《定边县志》卷一《风俗》说：“僰人，系大理府籍，贩棉织纺，亦耕读，婚丧礼与汉人稍异，城市乡村杂处。”则清朝初年以来，仍有一部分白族继续从大理一带迁居蒙化府。

顺宁、云州的白族。据康熙《顺宁府志》卷一《风俗》载：“僰人一种。城外村寨俱有之，居处与客籍同，惟语言各异。”清代仍有一些大理、剑川的白族人口陆续迁入顺宁，客居于此。

雍正《顺宁府志》卷九《彝俗》记载：“民家子，此多大理、剑川来者，彼以夷从汉，自称为民家，即如民家曲，实夷语也。能知汉语，识字读书，或习梓匠为杂工，凡作室制器，取利则来。”

康熙《云州志》卷五《风土考·种人》载：“名家子，即大理、剑川客居此地[者]。”近代今凤庆、云县仍有一部分白族人口。

开化府的白族。开化府是清朝初年才改设的，康熙六年（1667）改土归流，置府，属云南省。雍正八年（1730）设文山为府治。乾隆《开化府志》卷九《风俗·种人》说：“僰子，古白国支流，性诡俗俭，又谓之‘民家子’。知读书，婚姻葬祭与汉相近，衣服食用亦异他夷。六月廿四日脔生肉合蒜而食，燃炬为乐，称曰‘佳节’。”清代开化府境内的白族人口并不多，但散居面较广。至近代，仅文山县还有少部分白族人口，其余地方的都与当地汉族融合了。

元江、普洱一带的白族。康熙《元江府志》卷二《彝人种类》说：“僰人，……语言服色及婚丧祭礼多与汉同，……近日多知向学。”卷三说：“僰子，滇夷以之为首，蒙（自）先时土著大半皆此类。其言语有与汉人语则汉，与同类语则夷。读书、成名，均与汉同。”近代元江县因远坝仍然是白族的聚居点。

道光《他郎厅志》说：“民家人，即僰人也，……服食虽与汉人有差，而能教子弟延师诵读。”近代墨江、新平还有少部分白族。

道光《普洱府志》卷十八《土司・种人附》说：“民家子，又谓‘白人’，古白国之支流也。旧讹‘僰’为‘白’，遂称为一类，其实不相通。宁洱、思茅、威远有之。淳良勤俭，耕种为生，服饰饮食悉类汉人，近有与汉人为婚姻者。妇女亦缠足，仍佐农事。在威远名曰‘蒙化子’。”近代普洱、思茅、景谷等地都还有数量不等的一部分白族人口，且仍以普洱县较多。

清代白族中的绝大部分在政治、经济、文化生活的各个方面，都逐渐与汉族中的“民户”相一致，或即以此而自称“民家”，用以区别于政治、经济、文化生活等各个方面都比较落后的夷户。

黑窝泥

原文

属宁洱,性情平和,男女穿青白衣裤,下系桶裙,种茶为生,负茶于市,性最殷勤,故行走之时,而手不释线,甚是勤苦。

图解

图中描绘的男子身穿青黑色短衣裤,肩背挎包,女子身穿短衣,下套桶裙,内穿长裤,其中一位妇女边走边撵线,另一妇女怀抱乳儿边走边喂奶,男女都背着装满茶叶的背篓,正匆忙赶往集市出售。整幅图画表现了"黑窝泥"男女背负货物入市交易,女子勤于纺线,虽行路而线不离手的情景。

考释

"黑窝泥"为"窝泥"(今哈尼族)的一支。因服色黑而得名。居住在思茅、普洱等县。此条中的"黑窝泥"清代居住在普洱府属的宁洱县境内。其性情平静祥和,男女穿青白色衣裤,下系桶裙,以种茶为生,常背负茶叶到集市上出售,生性最为勤恳辛劳,故行路时手中还在不停地纺线,特别能吃苦耐劳。

据道光《普洱府志》卷十八《土司 · 种人附》说:"黑窝泥,宁洱、思茅、威远、他郎皆有之。性情和绥,服色尚黑。鸡卜占吉凶,遇病不服药,宰牲祀祷而已。在思茅者采茶为生;在威远、他郎者,男勤耕耘,女务织纺,采薪入市交易。嫁娶婚丧略似汉礼。通晓汉语，近有读书应试者；在宁洱者，刀耕火种，妇女虽行路负戴亦撵线，苦勤食力。"

道光《云南通志稿》卷一百八十三引《伯麟图说》说："黑窝泥，性绌，采茶卖茶，其业也。女子勤绩缕，虽行路不去手。普洱府属思茅有之。"

道光《云南通志稿》卷一百八十三引《他郎厅志》记载："性情纯朴。男勤稼穑，女事纺绩。虽出山入市，跬步之间，口衔烟袋，背负竹笼，或盛货盛柴，左手以圆木小槌安以铁锥，怀内竹筒装裹棉条，右手锹裙，将铁锥于右腿肉上擦撵，左手高伸，使棉于铁锥上团团旋转，堆垛成纱，谓之'撵线'。至心喜时，口唱山歌，名曰'倒板腔'，亦娓娓可听也。"

民国《墨江县志稿》载："黑窝泥，又名'布都'，居县城附近，……至于服色，惟黑是善，……"

从史料中的描述可以看出，普洱府境内的"黑窝泥"，主要以采茶卖柴为生，纺织手工业则是由妇女单独操作，线撵成后，便在家中用简单的木机织成布匹。男女过着勤劳辛苦的生活。

水猓夷

原文

宁洱属多有之。性情疲软,种田为业,男穿青白衣裤,女穿白衣,下穿红花布桶裙,食糯米及辣臭之物,死后火葬。

图解

图中描绘的男子头戴篾帽,身穿青白布衣裤,正坐在河边的大柳树下休息,笛声悠扬,远处的牧童正骑在牛背上缓缓走来。女子身穿白衣,下套红蓝相间的桶裙,正在江河中洗浴。整幅图画表现了“水摆夷”男女见水即浴,最爱清洁,天生丽质的特性。

考释

“水猓夷”即“水摆夷”,又写作“水百彝”,为居住于江水边的傣族。明代称之为“小百夷”,清朝则改称“水摆夷”,至近代又被称为“小傣”。分布于德宏州、西双版纳州及耿马、双江、孟连、临沧、澜沧、普洱、元江、金平等县。

此条所说的“水摆夷”清代居住在宁洱县,即今普洱一带。其性情温厚,以耕种水田为业,男穿青白布衣裤,女穿白衣,下穿红花布桶裙。喜吃糯米及辛辣的食物。人死后实行火葬。

道光《威远厅志》卷三《风俗》说:“猓夷,又名‘僰夷’,称百夷,盖声近而讹也。居多卑湿,故今称为‘水猓夷’。宁洱、思茅、威远有之。性情柔懦。男穿青蓝布短衣裤,女穿青白布短衣、丝棉花布桶裙。喜食糯米、槟榔及酸辣之味。多近水结草楼居之，男女皆浴于江河。男种田捕鱼，女工织纺。以季春为岁首，男妇老幼俱着新衣，摘取各种山花，并以糯米蒸熟，染成五色斋供，齐赴缅佛寺，鸣鼓击钵供献佛前，听缅僧诵经，名为‘担佛’；旋以各种山花插于沙堆之上，名为‘堆沙’。又以竹筒取水，男女互相洒泼，以湿衣为乐。”

道光《普洱府志》卷十八《土司・种人》所载基本相同。

道光《开化府志》卷九《风俗・种人》说：“水猡夷，居多傍水，喜浴。男渡船，女佣工糊口。夫死，名为鬼妻，无复可嫁。又能为鬼魅，以一帚系衣服即变形为象马猪羊猫犬，立通衢，行人稍畏避之，即为所魅入腰中，食人五脏，易之以土。”

道光《云南通志稿》卷一百八十三引《伯麟图说》记载：“力柔性懦，筑土室水边居，习于水也。种槟榔，务耕织。开化府属有之。”“花猡夷，性柔软，嗜辛酸，居临水，以渔稼。每岁三月，男妇击钵采花，堆沙献佛以迓吉祥。普洱府属有之。”

清代普洱府属境内的“水摆夷”主要聚居在思茅厅代管的车里土司地区，宁洱、威远只有少数“水摆夷”，而多数是“旱摆夷”。

缅和尚

原文

思茅、宁洱、威远俱有。头顶身披腰系俱黄，须眉皆不留，不忌荤，惟戒酒色，饮食俱人送去，念经似汉人读书，写字用贝叶铁笔写，喜爱猫鸡，至十七八岁还俗，与人婚配，死后火葬。

图解

图中描绘的缅和尚头包黄色头巾，身披黄色长袍，盘腿坐在地上，左边的一位正在念诵贝叶经，右边的一位正用铁笔在贝叶上刻写经文。傣族妇女身穿白布短衣，下套花布桶裙，提着装有食物的提篓。一妇女脱去包头和鞋子，跪在佛寺门外，将食物举过头顶，敬献给僧侣。整幅图画表现了缅和尚盘腿打坐，诵经刻字，傣族妇女向僧侣敬献饮食的场景。

考释

“缅和尚”为今云南省西双版纳州傣族小乘佛教的佛寺僧人，并非指缅甸和尚，亦非另一“人种”（民族）。其所以被称为“缅和尚”，是因为傣族中的小乘佛教是从缅甸传入的，因而佛寺习称“缅寺”，僧侣习称“缅和尚”。

文中所说的“缅和尚”是指“摆夷”中信仰南传上座部佛教的僧人，清代居住在普洱府属的思茅厅、宁洱县、威远厅一带。他们以黄布缠头，披黄布为衣，眉毛胡须均不留，不忌荤腥，惟戒酒色，自己不烧火做饭，饮食皆由当地傣家轮流供给，念诵经文与汉人读书相似，写字用铁笔刻在贝叶上，喜爱饲养猫、鸡，到十七八岁时还俗后，才能结婚成家。死后实行火葬。

道光《普洱府志》卷十八《土司·种人》载："缅和尚，思茅、威远、宁洱有之。以黄布缠头，披黄布为衣，仿佛喇嘛，所诵佛经皆蒲叶缅文（按，即老傣文，非真正的缅文），喜畜猫鸡，饮食不忌浑腥，自不炊爨，其饮食皆猓夷轮流供给，捧至缅寺门外，去包头及鞋，以饮食置头上跪而献之。盖猓夷最尊缅佛，如卑幼为缅和尚，虽其尊长，献食亦与凡人同其诚敬，若还俗，则依然卑幼也。"

道光《云南通志稿》卷一百八十六引《他郎厅志》："缅僧喜食牛羊，夷民欲子弟识缅字者，即送入寺。"

佛教僧侣在傣族中十分受人尊敬，若是小孩子出家为僧，其长辈在向其送食物时也要同其他人一样虔诚敬献，当小孩子还俗后又依旧恢复尊卑长幼的地位。

莽 子

原文

在九龙江外,喜糯食酸物,披头光脚,腿用针刺漆成黑点,耳坠大孔,用银皮红线塞之。真莽者,顶心有白点,头目戴红绿将巾,身穿大衣,百姓身披抄子,纳贡称臣,死后火葬,近贡由思茅详报。

图解

图中描绘的男子头上或戴斗笠,或包红、蓝头帕,身披各种颜色的细布,手执标枪,有的骑在象背上,有的怀抱小儿紧随大象步行,象背上驮着一个巨大的箩筐,里面装载着货物和行人。整幅图画表现了“莽子”乘坐大象出入,并利用大象来运载各种货物和行人的情景。

考释

“莽子”又称“莽人”或“芒人”,为古代“百濮”族群的后裔。其所以得名,盖因其原居住在缅甸属境之内,受缅甸洞吾王朝莽氏统治。清代始流入普洱、永昌二府的“摆夷”居住区,虽与“摆夷”同族而有所区别。部分迁入滇南的“莽人”后融入当地傣族之中,部分又迁往越南、老挝。①

本条中所指的“莽子”清代居住在九龙江外（九龙江即今西双版纳境内澜沧江的一段），喜欢吃糯米及酸性食物。披发光脚，腿上用针尖刺肉出血，然后用一种黑色颜料涂成黑点。男子贯耳成大孔，戴上用红线串成的银坠。真正的“莽人”，在头顶正中心有白点。“莽人”的头目头戴红绿色将巾，身穿长袍。普通老百姓身披各种颜色的细布。向朝廷称臣纳贡，人死后实行火葬，进贡时由思茅厅详细奏报。

乾隆《滇黔志略》卷十五《云南·种人》记述：“莽子，即莽人，其先隶缅酋部落。明嘉靖初，孟养思伦纠木邦罕烈击缅破之，莽人赴阙诉命，由此归顺中国。今普洱、永昌二府所属有此种。男子体肥力健，戴黑漆帽，头裹偏巾。妇人身穿窄衣，手执篾丝葫芦，以盛物食。”

道光《云南通志稿》卷一百八十六引《皇清职贡图》说：“莽人，其先隶缅部落，夷人称其长曰‘莽纪’，遂以为姓。明嘉靖初与孟养、木邦相仇杀，为其所破，由此内附。今普洱、永昌二府有此种，与齐民杂处。亦有木邦阿瓦种类，其人体肥力健，男子束发，戴黑漆帽，裹幅布于身，跣足。妇人挽髻，窄袖短衣，缘边桶裙。编竹丝为器盛食物，状如葫芦。俗勤耕织，岁输粮赋。”

道光《普洱府志》卷十八《土司·种人》说：“莽子，性情疲缓，贪得好利。头包红布，耳塞银环，身披花土细，名为‘抄子’。不穿

---

① 学者杨六金指出：有人误以为中国的莽人（被误写成“芒人”）就是越南的芒人。实际上，越南有莽人和芒人两种不同族群，其中与金平莽人同族的越南莽人，人口只有几千。而金平则只有莽人，没有芒人。（见龙成鹏：《布朗族莽人的变迁——读〈莽人的过去和现在——十六年跟踪实察研究〉》，《今日民族》2019 年第 4 期。）

衣裤，头目披红绿呢抄子，用金银食器。喜食糯米、槟榔。袖中藏枪，用自来火开放，人不及见。以铁笔书缅文于竹筒、蒲叶之上，其字形与内地宣慰司缅字差异，俗名‘莽子字’。故有识缅字而不识莽子字者。车里有兼识两种者，缅目间有呈递内地禀文，令其先将莽子字译为缅字，再将缅字译为汉字，始悉其禀报情由，所谓重译也。若内地官员给与札谕照会，亦须将汉字先译为缅字，再将缅字译为莽子字，彼方认识。”

道光《他郎厅志》说："莽子，居九龙江外。性情凶恶，地出驯象，岁时进贡。”

清代“莽子”从缅甸掸邦迁入滇南后，主要分布于普洱府属思茅边外（今西双版纳州境内），现今在金平县还生活着“莽人”，人口仅 689 人，被称为中国最后一个原始部落。直到 2009 年才被划归布朗族，但保留“莽人”的称谓。

下编

各种人（六十八种）考释

白　人

原文

古白国之支流也，旧讹“僰”为“白”，遂称为一类，其实不相通。云南诸郡皆有之，习俗与华人不甚远。又谓之“民家子”。

考释

“白人”即今天白族的先民，因接近汉族，吸收汉文化较多，在云南各民族中经济文化较发达，甚至有许多读书应试的人。当然，其内部发展也不平衡。大概在明代后期，白族又称为“民家”，但这一称呼在明代尚不多见，直到清初以后才普及起来。白族自称“民家”，是为了甩掉被歧视的夷户的帽子，同时表示与同区域内汉族中的民户在经济文化上都相一致，没有差别。

康熙《蒙化府志》卷一《地理志・风俗》载：“一曰‘僰人’，即白人也。编入里甲，有粮差者谓之土著。此蒙诏时徙大理属民以实蒙化者，耕种为业，俗近汉人。至不入里甲，无粮差者谓之寄住，纺织为业，转徙无常。富则落业，贫则迁移矣。然性俱勤俭，多信佛事巫。近亦有读书通仕籍者。”

康熙《武定府志》卷一《风俗》说：“僰人，系土著，男子以帕为冠，妇人出，辄以帕覆顶面。别有乡谈，性醇谨，务农。元明间，有举贡生员出其中，朔望不容乞火。”

康熙《楚雄府志》卷一《风俗・土人种类》说：“僰种为多。男子以帕为冠，妇女出辄以帕覆顶面。别有乡语，居室器用与汉人同。

性颇淳，勤稼穑，内有为商贾者。自元迄今，间有举贡生员辈出。”

康熙《罗平州志》卷二《风俗》说：“白人，按《通志》：古白国之支流也。旧讹‘白’为‘僰’，实非一类。其服饰与汉人同，惟俗习语言则异。多有读书登仕籍者。今婚丧之礼悉去其旧而遵制矣。”

乾隆《弥勒州志》卷二十一《土司·种人附》记述：“僰人，始为大理王分居诸郡，夷人尊之为长。在唐蒙氏称帝，僰人为衣冠之长，居室姓氏同汉人，好读书，耻为商贾。自元迄明游宦中原，纯乎汉人矣，有乡谈。以六月二十四日为节。”

乾隆《滇黔志略》卷十五《云南·种人》记述：“白人。阿育王蒙苴颂居大理白崖，号曰‘白国’。汉立张仁果为滇王，仍号曰‘白国’。白人，白国之支流也，又称为‘民家子’，各府所属皆有之。其居处与汉人相杂，其服食、风俗、男女服制、礼节悉仿汉人，读书游泮者颇多，亦有登科出仕者。”

乾隆《东川府志》卷八《户口·附种人》之“僰人”条记载：“汉云南白饭王遗种。饭食、衣服尚白，至今迤西多莳白谷，富贵、贫贱皆炊白米做饭。《汉书》作‘僰人’，言其人在荆棘中也。诸史作‘百夷’，言其族类繁滋也。倪辂《南诏野史》作‘拜人’，辂不知北音，读‘白’作‘拜’也。《通志》、各郡县志作‘摆夷’，似误。东川非僰国，然伐僰之道必由东川经过，故汉置僰道县于今之五龙汛地。东川有僰人，自唐代宗大历间始，近日僰人多江西、湖广炉户砂丁赘僰女生者，非真尽僰人也。居板屋，上压石，性偷惰，喜劫杀，其衣冠遵时制，妇人青布帕首，金银珰，白布衣，五色布筒裙，尖头大鞋，所食荞燕麦。”按《华阳国志·蜀志》载：僰道县“治马湖江会，水通越嶲。本有僰人，故《秦纪》言僰童之富，汉民多，渐斥徙之”。说明秦汉时与今滇东北相邻的宜宾一带为“僰人”重要聚居区。该志又载：“会无县路通宁州，渡泸得(住)[堂]狼县。故濮人邑也。”会无县在今四川会理一带，与会泽、东川相邻，而“濮”与“僰”古为同声字，“濮人”实为“僰人”。这些记载说明清代东川府之“僰人”早在秦汉时就已居住于此。

乾隆《开化府志》卷九说：“僰子，古白国支流，……又谓之‘民家子’。知读书，婚丧葬祭与汉相近，衣服食用亦异他夷。”

乾隆《易门县志》卷六说：“白人，……习俗与华人不甚远。又谓之‘民家子’。易门如马鹿村、马鞍山、白石岩等处是也。”

乾隆《赵州志》卷二《民俗·种人附》说：“白人，一称‘民家’，白国张乐进求之裔及赵氏、杨氏、段氏之后。有僰字，善夷语，信佛事巫，常持斋诵经，然性勤俭力田，颇读书，习礼教，通仕籍，与汉人无异。”

永北府有“僰人”。乾隆《永北府志》卷二十五《土司·种人彝俗附》：“僰人一种附居城郭，与汉民错处。男子戴帽，身穿棉布。女人包帕，背负羊皮。男耕田以营生，女采樵而度日。间有读书识字者。此种传自昆弥河而来，服食语言及婚丧与汉人无异。”

道光《云南通志稿》卷一百八十二记载：“古白国之支流也，旧讹‘僰’为‘白’，遂称为一类，其实不相通。云南诸郡皆有之，俗与华人不甚远。”

道光《云南通志稿》卷一百八十二引《皇清职贡图》：“白人，其先居大理白崖川，即金齿白蛮部，皆僰种，后居景东府地，而云南、临安、曲靖、开化、大理、楚雄、姚安、永昌、永北、丽江等府俱有之。随各属土流兼辖。其居处与民相杂，风俗衣食悉仿齐民，有读书应试者，亦有缠头跣足、衣短衣、披羊皮者，又称‘民家子’。岁输赋税。”文中认为白人“即金齿白蛮部”有误，因“金齿百蛮”专指傣族先民。①

① 王文光、龙晓燕、李晓斌：《云南近现代民族发展史纲要》，云南大学出版社，2009年，第134页。

道光《云南通志稿》卷一百八十二引《伯麟图说》:“力穑知礼,谓之‘民家子’,云南府及大理有之。”“力穑知礼”概括了白人的两大特点:一是辛勤耕作,二是知书达礼。

道光《赵州志》卷一《民俗志·种人》记载:“白人,称‘民家’,多白国张乐进求之裔及赵氏、杨氏、段氏之后,有僰字,善夷语,信佛事巫,常持斋诵经,然性勤俭力田,颇读书、习礼教、通仕籍,与汉人无异。”这条史料记述了白族人的自称、族属源流、语言文字、宗教信仰、农业生产、汉文化水平、礼仪习俗等各方面的内容,“与汉人无异”则表明其汉文化程度已相当发达,反映了清代赵州一地政治、经济、军事、民族、文化各方面的社会情况。

道光《普洱府志》卷十八《土司·种人》说:“民家子,又谓‘白人’,古白国之支流也。旧讹‘僰’为‘白’,遂称为一类,其实不相通。宁洱、思茅、威远有之。”

《宁洱县采访》《他郎厅志》载:“近有与汉人为婚姻者。妇女亦缠足,仍佐农事。在威远名曰‘蒙化子’。”

道光《昆阳州志》卷五说:“僰人,居多近城郭,习汉语,渐染华风。”

民国《蒙化志稿》卷十六《人和部·人类志》记载:“白人,古白子国之支流也。南诏时徙大理属民实蒙化者,现止四十余户,聚居落摩杵、蜡五子坡、猪街子等处。每正月十六则跳神、唱灯。婚丧礼与汉人略同,习俗亦不甚相远。上者能读书,其他力田务本。或服役公府,此盖其善变者与。”这条史料记载了清末蒙化府白族的情况和风俗,是研究清代白族的民族特性、社会风俗的史料之一。

清朝时期,白族主要聚居在大理府,靠内地区各府、州、县的白族与汉族相杂居,随着封建地主经济的逐渐确立和发展,生产关系相应得到调整,生产力有所提高,由此引起了这一时期白族经济生活的变化,这些变化集中体现为农业、手工业和商业的发展。在农业方面,由于地方官吏“劝令开垦荒地,以广种作,以资食用,俾无旷土游民”(光绪《续云南通志稿》卷三十九《食货志·田赋·事例》),使大理地区“水陆可耕之地,俱经开垦无余”,连宾川、大姚之间“盘据六百余里”的铁锁箐山区,明朝时期被认为是不开化的“奥区”,经清朝康、雍、乾时期的开辟,至道光年间,已经是“深山大壑之中,……无不开辟之地,即无不居人之境,……人户与里甲相维系,而村屯明若指掌矣”(道光《大姚县志》卷二《村屯》)。大量土地的开垦,也使许多水利灌溉工程在这时得到兴建和整修。清雍正五年(1727),对大理府洱海出水口进行了疏通,使太和县(今大理)、赵州、邓川州等州县的水利因之恢复。清乾隆年间,对弥苴河再次进行大规模治理,增辟12000余亩田地。这一时期,大理白族地区的手工业行业水平高、分工细,“纺织、缫丝、采矿、铁器、铜器、银器、制针、建筑、木工、石工、雕刻、印刷、漆器、窑业、造纸、笔墨、制毡、编席、制帽、皮革、染靛、切烟等以及畜产品和农产品的加工,都已达到较高的技术水平。纺织业已成为白族妇女普遍的手工业,几乎每家都有纺车和织布机,特别是洱海卫(今祥云)出产的‘洱海红’布,闻名全省”①。商业发展体现在农村对市场的依赖性加强、同内地经济联系加强、新兴集市和城镇的出现、币制的统一等方面。清朝时期,大理白族地区社会经济的发展加强了这一地区同内地经济的联系,由此使得政治、文化等方面的联系也愈来愈密切。

---

①《白族简史》编写组:《白族简史》,云南人民出版社,1988年,第135页。

爨 蛮

原文

爨氏事详《杂纪》《唐书》。自曲州、靖州、西南昆州、曲轭、晋宁、喻献、安宁距龙和城，通谓之“西爨白蛮”；自弥鹿、升麻二州，南至步头，谓之“东爨”。其初种类甚多，今讹为猡猡。凡两迤之内，依山谷险阻皆是，名号差殊，言语嗜好亦因之而异，大略寡则刀耕火种，众则聚而为盗。男子椎髻，摘去髭须，左右佩双刀，喜斗轻死，妇人披发衣皂，贵者饰锦绣，贱者披羊皮，耳穿大环，剪发齐眉，裙不掩膝。以腊月为春节，竖长竿，设横木，左右各坐一人，以互落为戏。病无医药，用夷巫禳之，打鸡卦以占卜吉凶，取雏雄鸡生刳取两髀束之，有小窍刺以竹签，相多寡向背顺逆之形，或取山间草齐束而拈之，略如蓍法。有夷经，字类蝌蚪，精者能断阴阳晴雨，死无棺，火焚葬骨于山。

考释

“爨蛮”即今彝族，这一称呼始于明朝时期，当时把“猡猡”一概称之为“爨蛮”或“爨人”。此谬误继续流传，至清代便普遍地把“猡猡”又称之为“爨蛮”或“爨人”。“猡猡”是“卢鹿”的变音，卢鹿即南诏时期北部“乌蛮”的七个部落之一——卢鹿蛮，后来成为“猡猡”的代称。

《滇夷图说 · 爨蛮图说》的说文与万历《云南通志》等相似，在记述“爨蛮”史实后如是说：“其称‘爨’者，从主姓耳。汉初种类甚多，有名‘鹿卢蛮’者，其初种类甚多，今讹为猡猡。凡黑水之内，依山谷险阻者皆是。名目差殊，言语嗜好亦因之而异，大略寡则刀耕火种，众则聚而为盗。男子椎髻，摘去髭须，左右佩双刀，喜斗轻死，鞍无鞯，马贵折尾，剜木为镫，状似鱼吻，澄容足趾。妇人披发衣皂，贵者饰锦绣，贱者披羊皮。女耳穿大环，剪发齐眉，裙不掩膝。以腊月为春节，六月廿四为年节。病无医药，用彝巫禳之。巫号‘大觋皤’，或曰‘拜祃’，或曰‘白马’。其卜，取雄鸡生刳取两髀，刮去肉，因其骨窍刺以竹签，相多寡向背顺逆之形，以断吉凶，其应如响。有彝经，皆爨字，壮如蝌斗。精者能知天象，断阴晴。民间皆祭天，为台三阶以祷。死以豹皮裹尸而焚，葬其骨于山，非至亲，莫知其处。”其图像画二男子于山谷之间骑马持矛相斗，一女子背负婴儿观战。二男子均剃去唇上胡须，其中一男子所佩双刀十分突出，另一男子的双刀若隐若现。马镫为红色，似为木制，开口不大，形状确实很像鱼嘴。女子披发，似戴耳环，穿深色衣，着短裙。图文基本相符。但说文中提及的年节、卜筮、经文与葬俗则无法在图像中表现出来。

《滇省夷人图说》说文为：“爨蛮，其名最古。又号‘卢鹿蛮’。男子去髭须，好勇。妇人皂衣，被绣彩或羊，以别贵贱。曲靖府属有之。”画面的左边为两男子赤手空拳搏斗，右侧为两女子及一儿童观看，三人均举手相示，似乎在劝阻打斗的男子。二男子面部无须，均束发，其中一人缠青巾，而女子中也有一人束发、缠青巾，五人均赤足。

乾隆《滇黔志略》卷十五《云南・种人》记述：“卢鹿爨，即‘猡猡’音讹耳。猡俗，二月丑日祭龙，六月二十四日为年。凡三五年新易祖位，为换祖。病不信医，信巫，剪纸招魂。宰豕，以松火燎之，切生肉为小脔，合蔬蒜杂食之，谓之火宰。交易不用书契，削木片刻以纪数，剖之各执半，谓之木刻。通汉人文字者，谓之‘白马’。其字以横行。卜用鸡骨，甚灵。以草为囊系臂间，纳需用小物其中，谓之‘剖费’。童男女竹篾成声，和歌相诱，谓之‘响篾’。乡勇以青布缠头如斗大，上戴以披盗，以绵为甲，以镖刺人。伏草间杀人，谓之‘坐草’。屏中彝人有土獠、山苏、倭泥、蒲喇、僰夷，其俗大约相似，惟土獠以十月朔为年。其夷人求婚，请人至女家致辞，宴酒即为允诺，以尺帛银饰为定；娶后仍归母家，俟生有子，始回夫家。又俗以膏粱、大麦酿酒，凡宴待宾客，先设架置酒坛于上，贮以凉水，插竿于内；客至，主人先咂以示先尝之意，客次之。咂时盛水，候咂毕而注于坛，视水之盈缩以验所饮之多寡，不及则请再行。冬月置火于坛下，取其热也。夷人各种，皆有歌曲，跳跃歌舞。乐工称细乐，筝、笛、琵琶诸器，与汉制同。其调亦有寄生草、叨叨令、一封书等名。相传为元人遗音。凡夷人会饮，切生肉杂野蔬与蒜食之，谓之‘剁生’。人偶有病，合饭一盂、鸡子一枚，以病者之衣包裹门外招之，谓之‘叫魂’。”乾隆《石屏州志》卷八《杂纪》对“卢鹿爨”的记载与乾隆《滇黔志略》相同。

道光《云南通志稿》卷一百八十二记载：“爨蛮，《唐书》：自曲州、靖州（今东川、昭通一带）、西南昆州（今昆明）、曲轭（今马龙）、晋宁、喻献（今澄江）、安宁距龙和城（今禄丰），通谓之‘西爨白蛮’；自弥鹿（今宣威、沾益）、升麻（今寻甸、嵩明）二州，南至步头（今红河州南部），谓之‘东爨乌蛮’，以‘乌白’为号，无姓氏，其称‘爨’者，从主姓耳。汉初有白国王，其夷为白人，后有爨王，则为爨人，犹广南夷号为‘侬人’之类。爨蛮之名相沿最久，其初种类甚多，有号‘卢鹿蛮’者，今讹为猓猡。凡两迤之内，依山谷险阻者皆是，名号差殊，言语嗜好亦因之而异，大略寡则刀耕火种，众则聚而为盗。男子椎髻，摘去髭须，左右佩双刀，喜斗轻死，妇人披发衣皂，贵者饰锦绣,贱者披羊皮,耳穿大环,剪发齐眉,裙不掩膝。以腊月为春节,竖长竿,设横木,左右各坐一人,以互落为戏。病无医药,用夷巫禳之,巫号‘大觋皤’,或曰‘邦祃’,或曰‘白马’,取雏鸡雄者生刳,取两髀束之,细剖其皮骨,有细窍刺以竹签,相多寡向背顺逆之形以占吉凶,或取山间草齐束而拈之,略如蓍法。有夷经,皆爨字,状类蝌蚪,精者能知天象,断阴晴,民间皆祭天,为台三阶以祷。其部长正妻曰‘耐德’,非所生不得继父职,若耐德无子或有子早夭,始及庶出者,无嗣则立其妻女。死以豹皮裹尸而焚,葬其骨于山,非骨肉莫知其处。多养死士,名曰‘苴可’,厚赡之,每兵出则苴可为前锋,军无行伍纪律,战则蹲身,渐进三四步,乃挥标跃起,人挟三标,发其二,必中二人,其一则以击刺不发也。又有劲弩毒矢,饮血即死,以射禽兽,去其射中之肉而食之。部夷称部长曰‘撒颇’,华言主人也。夷性憨而恋主。诸酋长果于杀戮,每杀人,只付二卒携持至野外,掘一坑,集其亲知,泣别痛饮,彻夜昧爽,乃斩其头,推坑中复命,更使二卒戡之,乃许其家收葬,虽素昵者,欲杀即杀之,出令勿敢丐者,其家人亦莫敢怨,憨用法严,诛求无厌。每蛮长有庆事,令头目入村寨计丁而派之,游行所至,阖寨为供帐,无少长皆出,罗拜马前,邻寨在数十里内者,皆以鸡黍馈,无以应诛求,往往潜出他郡劫掠,所得头目私分之,官府檄下督责,则缚数人应命。”

乾隆《东川府志》卷八《户口·附种人》之“爨人”条记载:“楚将庄蹻遗种。在西汉为南夷,为靡莫,为夜郎,在蜀汉为南蛮,自晋至隋为东爨,自唐至元为乌蛮,为罗罗斯蛮,明人呼为猓猡。居板屋,上压石,性偷惰,喜劫杀,其酋长椎髻帕首,大若盘盂,戴狐皮,妇人衣绮罗,其余男子椎髻帕首,珥坠大金银珰,青布短衣,剪各色布缀毛褐为筒裙,尖头大鞋,肩披青毡一片,所食荞燕麦。考六书中并无‘猓猡’二字，似后人独撰。爨人出动，辄以突烟墨面，令人不识，相沿成俗，即亲迎新婿偕宾皆墨面、鲜衣、跃马、鼓吹，而往来路人惊诧为鬼物，新妇亦谓其从突中来，不知即新婿也。人皆指目为爨，而其人则沾沾自喜，且以为姓。隋唐间有官至开府仪同三司者。其初名夜郎，夜，黑也；其后为乌蛮，乌亦黑也；其酋有名‘大鬼主’，鬼亦黑也。元为黑罗罗。则补、凉山皆爨人，四乡八里，爨人十居六七。爨、苗近日亦多辫发，遵时制，惟妇女犹着筒裙。”

清代实行大规模改土归流后，居住在滇中、滇西平坝区的彝族，其地主经济已发展到了较高水平，这些地区彝族中的地主和农民的生活状况与同区域的汉族没有差别，如“海猓猡……与汉人相杂而居，居处、饮食、衣服悉如汉人”（雍正《云南通志》卷二十四）。在彝族聚居中心的山区，如东川、乌蒙、镇雄三府境内的彝族在改土归流前，奴隶制经济还占主导地位，在改土归流与反改土归流的过程中，大部分奴隶主被杀或逃往大凉山地区，除了部分偏僻的山区外，绝大部分地区的地主经济都发展起来了。这是因为清朝采取了将外部的地主经济移植到这些地区，同时又对当地彝族中的土地私有制进行扶植的政策，因而地主经济同样在这些彝族地区发展起来。随着地主经济在更广阔的地域中的确立，彝族与汉文化的交流接触也在更广阔的空间中进行着，大大加快了彝族地区社会经济、文化的发展。

白猓猡

原文

男衣两截衣，裹头跣足。妇人耳带铜环，披衣如袈裟，以革带系腰。丧无棺，缚以火麻，裹毡，舁于竹椅，前导七人，擐甲胄，执枪弩，四方射，名"禁恶止杀"，焚之于山，鸣锣执旗招其魂。婚姻以牛马为聘，及期，聚众讧于女家，夺其女而归。性窳惰淫湎，信鬼畜蛊。以手量裙边投麦于水，验其沉浮以当占卜。在云南徵江、临安、永昌者渐习王化，同于编氓。

考释

见"上编　二十二种人考释"之"白猓猡"条考释。

黑猓猡

原文

男子挽发以布带束之，耳带圈坠，披毡，佩刀时刻不释。妇人头蒙方尺青布，以红绿珠杂海贝砗磲为饰，下着桶裙，手带象牙圈，身披黑羊皮。在曲靖者，居深山，虽高岗硗陇，亦刀耕之，种甜苦二荞，蓄养牛马蕃息。无书契，刻木析之，各藏其半，死以戌廿日葬。贵者裹以皋比，贱者以羊皮，焚诸野而弃其灰；在路南者能为乳酪，杂樵苏鬻于市，腥秽侏儒若鹿、豕；然在安宁、禄丰者多负盐于途；在南安者，以草为衣，加于毡毳，大都性多鸷悍，好攻掠；而在武定、寻甸尤为凶顽，鹤庆四十八村又号“海西子”，其种多暴。

考释

见“上编　二十二种人考释”之“黑猓猡”条考释。

撒弥猡猡

原文

男挽发如髽，长衣短裾，妇短裳短衿。滇池上诸州邑皆有之。拙于治生，不敢为盗贼。居山者耕瘠土，贩薪市卖；住水者捕鱼，仅能自给。

考释

“撒弥猡猡”即“撒摩”，又作“洒摩”“洒美”，元代为弥勒部，明朝前期已经从“撒摩都”支系中分化出来。清代的“撒摩”是云南府、曲靖府、武定府“白倮倮撒摩都”中的一部分，但与其他地方的“白倮倮撒摩都”已略微有所区别。

乾隆《滇黔志略》卷十五《云南・种人》记述：“撒弥，即洒美，其种类最少，云南、曲靖府间有之。男女面多黑，男子腰挂短刀，手持角杯，好饮酒。性情和柔，间有读书者。妇女用青布裹头，旁缝合两结如帽，身穿绿衣，以紫花布镶边，织羊毛布为业。”

道光《云南通志稿》卷一百八十二记载：“男挽发如髽，长衣短裾，妇短衫短裳。滇池上诸州邑皆有之。绌于治生，不敢为盗贼。居山者耕瘠土，贩薪于市；住水者举家捕鱼，仅能自给。”此条史料不仅指出“撒摩”按人居环境可分为居山者和住水者两部分，而且描绘了他们依山傍水的生活状态及风尚。

道光《云南通志稿》卷一百八十二引《皇清职贡图》记载：“撒弥，或作‘洒美’。其种类不蕃，惟云南、曲靖二府有之。居处与齐民相杂。其人面目多黑,男子椎结,青布裹头,衣褐披毡,白布束胫,着革履,腰短刀。俗嗜酒,以角为杯。颇勤耕种,输赋税。间有知书者。妇女青布裹头,缝合两鬓间如帽,着绿衣,披青布单,系白布短裙,着履,能织布及毛褐。"

道光《云南通志稿》卷一百八十二引《伯麟图说》记载:"性谨愿,居山耕瘠土,水居者捕鱼自给。云南府属有之。"

道光《昆阳州志》卷五《地理志·风俗附种人》记载:"撒弥,其类舟居,世业渔为生,习汉语而声音仍旧,衣服婚姻与汉人近。"

道光《寻甸州志》卷二十四《土司·种人附》记载:"撒弥猡猡,男子挽发如鬃,长衣短裤。妇女裙衫俱短。性最顽拙,不善治生,无他技,亦不为盗。今悉化如汉人,无少分别。寻[甸]人呼为'海猡',以其去山而居平地也。或自耕,或樵采,或因水而渔,任力供给,昏不息。"

"撒摩"人数不多,清代散居云南、曲靖、武定三府,以滇中地区的云南府境内最多。与汉族杂居,较多地接受汉文化,山居者农耕为业,滨水者舟居捕鱼。近代昆明郊区仍有一部分彝族称为"撒梅",即"撒弥"。

妙猡猡

原文

皆土蛮官舍之裔，或称“火头”，或称“营长”，或称“官娜”，与黑、白诸种迥异。耳带圈环，常服用梭罗布，妇女胸背妆花，前不掩胫，后长曳地，衣边弯曲如旗尾，无衿带，上作井口，自头笼罩而下，桶裙细折。在蒙化、丽江、鹤庆、腾越、楚雄、平彝、新兴、永北、王弄山者不著其种类，止曰“猡猡”。所居茅舍，中堂作火炉，父子妇姑围炉而卧，惧棰挞而不畏死。祭以羊、豕，捶死不杀。在阿迷者，为诸种所敬惮；在姚安者，性狡悍为盗；在新兴者，力田为生；在腾越者，专资射猎。

考释

“妙猡猡”即“妙倮倮”，是“黑倮倮”中的一部分，为土酋后裔。又称“伙头”，何以得名则不得而知。部分“妙倮倮”除担任官职外，也掌握宗教大权。

乾隆《滇黔志略》卷十五《云南・种人》记述：“妙猡猡，土蛮官舍之苗裔，或称‘火头’，或称‘营长’，或称‘官娜’，与黑、白诸种迥异。散处各郡，貌丑黑，性情狰狞。男子善用镖弩。妇女以布整幅搭于右肩，系结于左肋。婚配令女自择。冬月作火炉，父子妇姑围卧。”

据道光《云南通志稿》卷一百八十二记载：“耳带圈环，常服用梭罗布，妇女衣胸背妆花，前不掩胫，后长曳地，衣边湾曲如旗尾，无衿带，上作井口，自头笼罩而下，桶裙细折。在阿迷者为诸种所敬惮，有丧则阖寨醵金为助。在蒙化、丽江、鹤庆、腾越、楚雄、姚安、平彝、新兴、永北、王弄山者，不著其种类，止曰‘猡猡’。所居茅舍，中堂作火炉，父子妇姑围炉而卧，惧棰挞而不畏死。祭以羊、豕，捶死不杀。在姚安者，性狡悍，好为盗贼；在新兴者，居昌明里，力田为生。在腾越者，专资射猎。永北又有号‘猡猡’者，与四川、建昌诸猓同类，纯服毡毳，男女皆跣足，每踏歌为乐，则着皮屦，男吹芦笙，妇衣缉衣跳舞而歌，各有其节。在顺州者又称‘猓落蛮’，男鹊帽，襞积衣，妇三尖冠，以采樵耕艺为事。在新平者，又称‘白脚猡猡’，以白布束其胫，故名。”

道光《云南通志稿》卷一百八十二引《皇清职贡图》记载：“妙猡猡，皆土蛮官舍之裔，或称‘虎头’‘营长’，或称‘官娜’，与黑白诸种异。广南、元江、开化、镇沅、大理、楚雄、永昌、永北、丽江、姚安十府皆有之。无部落，随各属土流兼辖。貌狞性悍，善用镖弩，耕种山地，冬月围炉中堂，举家卧其侧。男子椎髻短衣，妇女青布缠头，以幅布披右肩绾于左腋，短衣短裙，跣足，无袴。婚姻听女择配。其输租税与各种同。”

道光《云南通志稿》卷一百八十二引《伯麟图说》记载：“结茅松间，围炉坐卧，男或罗衣鹊帽，女三角冠，胸背刺绣文，吹芦笙，自清越也。蒙化厅及永昌有之。”

看来，“妙倮倮”是彝族上层贵族的后裔，与“黑倮倮”“白倮倮”有较大的差异。在新平者又称为“白脚倮倮”，则因其“以白布束其胫，故名”。

阿者猡猡

原文

衣服大略与黑猡同,婚葬如白猡,但耳环独大。在东偏江川诸邑有之,西宾川有之。通海者,婚以牛马为聘,婿亲负女而归,耕山捕猎,性好迁徙。

考释

"阿者猡猡"记录中或写作"阿者""阿成""阿车""阿哲",与"黑儸儸""白儸儸"都分别有相近之处,但却自成一个群体而与其他"儸儸"有所区别。清朝时期,广西府、云南府、徵江府、武定府、开化府都有一部分"阿者"。

乾隆《滇黔志略》卷十五《云南·种人》记述:"阿者猡猡,东爨乌蛮之苗裔,今惟广西府有此种。男妇皆披羊皮,耳带大环。男子跣足,妇人着履。种杂粮为生。"

据道光《云南通志稿》卷一百八十二记载:"衣服大略与黑猡同,婚丧如白猡,但耳环独大。在东偏则江川诸邑有之,西则宾川有之。通海者,婚以牛为聘,婿亲负女而归。耕山捕猎,性好迁徙。"

广西府有"阿者"。康熙《广西府志》卷十一《诸彝考》说:"阿者倮猡,衣袍亦同黑倮,但耳环甚大,类西番僧戴者。"

乾隆《弥勒州志》卷二十一《土官·附种人》说:"阿者倮猡,衣袍亦同黑倮,但耳环甚大,类西番僧戴者。""按倮猡数种,曰

‘阿’，曰‘兀’，曰‘阿者’，曰‘白猓’，曰‘黑猓’，曰‘葛猓’，曰‘鲁兀’，以黑猓为尊。衣圆领，皆居山谷，椎髻，大布裹头，小衣，跣足，披毡羊皮，耳环。妇人辫发裹头，金、银、蚆为饰，披大衣，穿鞋，织布褐，刺绒花。婚姻送牛为礼。”据乾隆《弥勒州志·土官附种人》记载，“阿者”原聚居于元代的广西路，明清的广西府、州境内。

道光《云南通志稿》卷一百八十二引《皇清职贡图》记载：“阿者猡猡，东爨乌蛮之苗裔，唐南诏蒙氏为师宗、弥勒、维摩三部。元初归附，设广西路，明改为府，本朝因之。辖于流官。性愚而勤。男女皆短衣袴，耳缀大环。男跣足，妇着履。婚礼以牛为聘，婿亲负女而归。岁种杂粮，计田输税。”

道光《云南通志稿》卷一百八十二引《伯麟图说》记载：“居盘江外，服食似黑猡猡。好迁移，耕牧高阜，其性平易，无争斗之习，广西州属有之。”

徵江府有“阿者”。康熙《徵江府志》卷八路南州《种人》条说：“阿者猓猡，居深山，住茅屋，种荞稗焰麦草子为食。其衣服褴褛，与汉人稍异，虽盛暑必披羊皮。有黑、白二种。”康熙《徵江府志》卷八说路南州有“阿者”散居，路南州属徵江府，从明朝到清朝初年皆有“阿者”。

云南府有“阿者”。乾隆《易门县志》卷六说：“阿车，即爨蛮。此种较多，性狡悍。后门外设松棚，祀祖于门首。以六月二十四日为大节，是日，宰牛剁生，拜坟祭祖。以十二月二十三日为年节。女辫发，青布包头，布折二指许宽，年少者围头上，如笠。有喜庆，则以红绿布三四寸许一片缀背上或肩上，以为补服。好带尖刀于左右，又有劲弩毒箭，用标枪。葬火化。其婚礼用牛羊。呼其主曰‘撒颇’。”乾隆《易门县志》卷六说云南府易门县有“阿车”，即“阿者”。

武定府有“阿者”。乾隆《农部琐录》卷十二说:“阿者猡猡,衣服略与乌蛮同,婚丧如白蛮。但耳环独大耳。婚以牛聘,负女而归。耕山捕猎,性好迁徙。”按,武定府仅禄劝州(农部)有“阿者”。

开化府有“阿者”。乾隆《开化府志》卷九说:“阿成,性怯懦,畏汉人,质朴行俭,暇则网罗禽鸟。每就食田间,必负薪以归。妇人不事银饰。婚娶以牛成礼,丧尚俭略。麻衣草履,盖夷类之最可悯者。”“阿者,衣服与猓猡同。婚丧葬祭皆同。”

“阿者(车)”在唐、宋时期为乌蛮三十七部中的弥鹿部或维摩部人,元朝以后部分人口向外流散,及于江川、通海、宾川、武定等地。近代“阿车”分布在弥勒、易门、新平一带。今双柏县的“阿车”,民间传说主要是由易门、峨山、新平等地迁入。①

近代彝族中有自称为“阿哲濮”的部分,或以为属于彝族中的“阿哲”支系。汉族仍称他们为“阿哲”(即“阿者”“阿蝎”)或“阿车”(亦即“阿成”),分布在弥勒、易门、双柏、新平一带。弥勒的部分是仍然居住在原地者;易门的部分已见于清代记录;双柏、新平的部分可能是迁入的时间较晚,故未见于明、清时期的记录。在上述各地之外,即明、清记录中其他地方的“阿者”,至近代已混合入同区域内彝族的其他部分之中。

---

① 杨甫旺、杨杨:《楚雄彝族文化的源与流》,《楚雄师范学院学报》2016年第10期。

干猡猡

原文

婚嫁尚侈，诸种人所不及，丧以牛皮裹尸，束锦而衣之以薪，每食插箸饭中，仰天而祝，以为报本。好勇喜斗，杀人偿之以财，有仇怨，虽父子兄弟推刃不顾。多不通华言，食货贵盐蒜。

考释

“干猡猡”即“干倮倮”，又称为“干（甘）人”“黑干夷”“黑甘彝”“甘倮倮”。原为滇东北“黑倮倮”中的一部分，后外迁，地位下降。多居住在金沙江沿岸的河谷地带，如武定、元谋、东川、师宗和宣威。由于靠近水域，捕鱼业较为突出。关于名称的由来流传着多种说法，其中一种认为：其本与“纳苏”（黑彝）为同胞兄弟，后在迁徙过程中黑彝选择了平坝，占据水草丰盛的地方，而“干倮倮”则多居旱地，故以此得名。但此说并未能科学诠释此称谓之由来。①

康熙《罗平州志》卷二《风俗》说：“干猓猡，次于鲁屋黑猓，服饰同鲁屋，丧无站场，其信鬼亦如之。数种猓猡俱不共居处，不通婚姻。”

乾隆《滇黔志略》卷十五《云南·种人》记述：“干猡猡，男女皆貌黑，云南、曲靖、东川三府所属有之。男子束发缠头，耳带圈

① 商宇宏：《彝族干彝支系》，2019 年 3 月 1 日，“微观彝族”公众号。

环,衣彩布短衣。妇女用白麻辫束发,饰海巴项下,服制与男子同。其婚嫁最侈,牛马器具竞相夸尚,为诸种人所不及。每食插箸饭中,翘首擎拳,仰天默祝,以为报本。"

乾隆《东川府志》卷八《户口·附种人》记述:"靡莫别种。最勤苦,近皆畏威怀德,一洗从前旧习,业儒者千之一,余皆刀耕火种,农隙则樵、牧、渔、猎。男子椎髻帕首,妇人青布帕首,同服粗麻布衣,其自织也,所食荞燕麦。婚姻之礼,未受聘者额饰具其长,重门户,否则其下不服。聘妇以斗米,娶妇炒面和蜂蜜为团。疾病信巫祝,卜以鸡骨。葬以火,缚尸如猿猴,使人踊跃火上助喝。其长死,游骑挟弓弩周围驰骋,名'搅魂马'。祭祀则揭牲畜心肝于竹杪,绕尸旁歌舞,孝子受贺,孝妇衣彩。燔毕,拣骨纳器,悬屋中,或送入鬼洞,近亦渐习殡殓。旧日,蛮出入必佩环刀,左插药弩,近皆解去。昔酋长鞍马以金银饰,一具有价值千金者,败亡之兆。歌类楚巫,哀而荡,细而繁,今并劝谕渐改。"此处记载了"干倮倮"当时还处于刀耕火种的原始农业耕作阶段,以自纺麻布为衣。同时兴巫术,重原始崇拜,以鸡骨占卜吉凶。丧俗流行火葬祭骨。

道光《云南通志稿》卷一百八十二记载:"婚嫁尚侈,诸种人所不及,丧以牛皮裹尸,束锦而衣之以薪。杀人偿之以财,有仇怨,虽父子兄弟推刀不顾。"此处主要记述了干彝的火葬习俗。

道光《云南通志稿》卷一百八十五引《伯麟图说》记载:"甘人,靡莫别种,性勤恪,耕山种水,服教畏威,近更多业儒者,风弥淳矣。东川府有之。"文中说"近更多业儒者",反映出东川府甘人的汉化程度正逐渐加深。

道光《云南通志稿》卷一百八十二引《皇清职贡图》记载:"干猡猡,唐时隶东爨部落,今与黑、白二种散处云南、曲靖、东川三郡,无专设土司。居尚楼屋,食贵盐蒜,人貌皆黑,男子束发缠头,耳缀圈环，衣花布短衣，披羊皮，用麻布裹胫，着草履；妇女以白麻分辫束发，顶缀海巴。其婚嫁以奢侈相夸，每食插箸饭中，擎拳默祝，以为报本。性勇好斗，不通华言，颇勤耕织、樵采，岁输赋税。"《皇清职贡图》记述了清代干彝的分布区域、风俗和服饰，与彝族大部分支系一样，干彝也身"披羊皮"，并以麻布作为衣物的原材料，其中头饰海巴别具特色。海巴是一种小型贝壳，与古代货币相似，其作为一种饰物在云南少数民族装饰上较为常见，尤以傈僳族和昆明滇池周边彝族"海巴人"为甚，这些族人认为海巴具有辟邪驱魔的功效。①

光绪《沾益州志》卷二《风俗》载："于夷人中最贱苦，织麻，捻火草为布衣之。男衣至膝，女衣不开领，缘中穿一孔，从头下之，名'套头'。虽高冈硗陇，亦力耕及之。种惟荞菽燕麦，四时勤苦，尽足食。懒农及衣棉者，众讲罚之。茅草、板片、树皮为矮屋，中设火炊，男女两列坐宿，四时日夜火不断。刻木为信，各收其半为交易之符。极谨朴，无敢为盗。"《沾益州志》中描述了干彝当时的生产生活情况，特别是女性服饰还保留了原始贯头衣的造型。

道光《宣威州志》卷五《土司·种类附》说："不知洗面，脚不着履。轻迁徙，不耐搔扰，稍不如意，即合寨逃往外境。呼黑、白猓猡为主。见即跪拜，侧不敢坐。婚配以类，不通黑干夷。"此处说到了干彝的迁徙之由，同时也说明其在诸蛮中长期受到压迫，社会地位低下。

看来，"干猓猡"是滇东北原为"贵种"的"黑猓猡"中的一部分，在失去其政治、经济上的特权之后，向附近地区迁移流动。最初在一定程度上还力图保持住原来贵族的奢侈风尚，并可免除各地土

① 商宇宏：《彝族干彝支系》，2019 年 3 月 1 日，"微观彝族"公众号。

司的剥削负担（“无专设土司”）。但在剧烈的阶级分化过程中，其经济地位日趋下降，因此被称之为“干倮倮”“黑干夷”“黑干倮倮”。康熙《平彝县志》卷三说：“干猡猡，彝中之氓也，多贫。”而乾隆《东川府志》卷八则直接把这部分“倮倮”称之为“干（甘）人”。近代滇东北一带仍称贫穷者为“干人”。所以，“干倮倮”是当地对“黑倮倮”中贫穷者的他称，并非自称。

清代改土归流后，清朝向滇东北地区进行移民垦殖，逐步确立了地主经济，这一地区的彝族社会也逐渐发生了变化。乾隆《东川府志》载：“干人，最勤苦，近皆畏威怀德，一洗从前旧习，业儒者千之一，余皆刀耕火种，农隙则樵、牧、渔、猎。”地主经济的逐步确立以及这一地区的彝族社会发生了“一洗从前旧习”的变化，显然是改土归流后这部分彝族与进入这一地区的汉族移民经济文化交流、交融的结果。

鲁屋猓猓

原文

服食类黑猓,别为一种,持矛盾,性尤狰狞,好驰马纵猎。独临安鲁郭村有之。

考释

“鲁屋猓猓”又名“鲁兀”“罗武”“罗婺”,这一名称首见于明末记录。按“鲁屋”实即“罗婺”中的一部分,“鲁屋”与“罗婺”是同音字。由于迁离“罗婺”的聚居中心(武定)时间较长,产生了地方性的差异,因而被认为是“别为一种”,称呼上也就与“罗婺”略有不同。“鲁屋”可能在元朝乃至大理国末期便迁离了武定,至明朝末年始见于记录时,已经与“罗婺”有了差异。至近代,彝族中已不存在“鲁屋”支系。

清代的“鲁屋”聚居在临安府(驻今建水县),后向东迁至广西府(驻今泸西县),最远到达曲靖府,为彝族支系之一。

乾隆《滇黔志略》卷十五《云南·种人》记述:“鲁屋猓猓,居处服食类黑猓猓,今惟曲靖有之。男子束发缠头,足踏木屐;妇女头戴青勒,耳坠圈环,身穿短衣长裙,跣足。”

道光《云南通志稿》卷一百八十二记载:“恃矛盾,性犹狰狞,好驰马纵猎。独临安鲁郭村有之。”

至清朝时期,临安府鲁郭村的“鲁屋”,更散布到临安府属境更为广阔的区域范围内。道光《云南通志稿》卷一百八十二引《伯麟图说》记载:"服饰类黑猡猡,好猎,常驰马林谷间,临安府属有之。"

"鲁屋"又向东散及广西府一带。康熙《广西府志》卷十一说:"各土官土舍之官奴寨民。不戴耳环,性狡猾,通汉语。男子亦有戴帽着靴者,穿青白大衣,佩刀。妇人穿袍,首包青绫帕,其俗淫。"则"鲁屋"不独滇南的临安府有,滇东的广西府也有。

道光《云南通志稿》卷一百八十六引《伯麟图说》记载:"鲁兀,耐劳苦,栖山种荞,牧牛马颇庶,暇则掘山药采蕨笋以佐食。广西州属有之。"

"鲁屋"更散及曲靖府的一些地方。道光《云南通志》卷一百八十二引《皇清职贡图》记载:"鲁屋猡猡,居处饮食类黑猡猡,而别为一种。元初归附,今惟曲靖府有之,与齐民杂居。男子束发裹头,着青蓝布短衣袴,踏木履;妇女戴青抹额,耳缀大环,短衣长裙,跣足。俗勤耕种,亦能射猎,土宜黍稗,荞有甘苦二种。"

其实,"曲靖府"指的是罗平州。康熙《罗平州志》卷二《风俗》说:"鲁屋猓猡,次于黑猓猡。男衣两截衣,缠大头,跣足,佩刀。妇人头戴箍,手牙圈,桶裙长衣。丧无棺,布裹置户外,别盖小屋于上,亲朋吊祭则于住之。媳皆彩衣,盛妆罗立,曰'站场'。二三日,扛于野焚之,掩其骨,悉招生者之魂而后归。多信鬼,病不医药,惟许猪羊之属。巫名'白祃',不知者讹为'必慕',凡事悉用之。"

近代石屏、龙武、新平等地,明、清时期属临安府。这一带地方的彝族中有"聂苏濮",汉族仍称之为"罗武",亦即"罗婺""鲁屋"。又弥勒县一带的"纳苏濮",当即清代广西府境内的"鲁屋"。罗平一带的"鲁屋"已混合入当地的其他部分彝族之中。

撒完猓猓

原文

居蒙自县明月诸村,在黑、白二种之外,勤于耕作,捕虫鼠豸食。

考释

“撒完”即“所完”,又写作“撒桓”“些门”,为“撒摩”的同音异写,也就是“撒摩都”“些么徒”。来自唐宋时的徒莫祇蛮,元代为弥勒部,明清称“白㑩㑩”“所完”,为彝族中的一部分,与黑彝、白彝有差别,勤于耕种,喜吃鸟、鼠之类食物,主要居住于临安府蒙自县一带。

康熙《姚州志》卷一《风俗》载:“居近城郭与汉僰杂居者,为撒摩都,后皆汉化,衣服饮食渐与汉僰同,诚彝种之善变者。”

康熙《广西府志》卷十一说:“白猓猓,俗呼为‘所完(撒完)猓猓’。性柔弱,善耕种。髻插骨簪,戴耳环,包黑帕,佩小刀,穿麻织衣,披羊皮,以布裹腿,赤足。其妇人衣袍同黑猓猓,但裙稍短,首用青布为囊,状类包巾,以之束发。”

道光《云南通志稿》卷一百八十二记载:“撒完猓猓,居蒙自县明月诸村,在黑、白二种之外,勤于耕作,捕虫豸及鼠而食。”

清朝时期,广西府、临安府蒙自县的“撒摩都”,与其他地区的“撒摩都”已略有差异,反映在名称上,看起来也与其他地区有别而被写作“撒完”(所完)。“撒摩都”即彝族“格苏濮”的先民,至近代居住于禄丰、武定山区的部分“撒摩都”形成“格苏濮”。

海猓猡

原文

寻甸有之,亦名“坝猓猡”,以其居平川、种水田而得名也。土人以平原可垦为田者,呼为“海”,或呼“坝”,故名。与汉人相杂而居,居处、饮食、衣服、婚丧悉如汉人,惟仍作夷语,居家俭朴,性情和平,且知读书应考。

考释

“海猓猡”即“海倮倮”,又称为“海彝”或“坝倮倮”“白倮倮”,是“白倮倮”中的一部分。清代主要分布于曲靖府管辖的寻甸州、沾益州、平彝县等地。因居住平坝而得名,古人称地势平缓可耕种水田的平坝区为“干海子”,故称居住在此地的彝族为“海倮倮”。

雍正《云南通志》卷二十四说:“海猡猡,寻甸有之,亦名‘坝猡猡’。以其居平川、种水田而得名也。土人以平原可垦为田者呼为‘海’,或呼‘坝’,故名。与汉人相杂而居,居处、饮食、衣服悉如汉人。惟与其同类,仍作夷语,居家俭朴,情性和纯,且知读书。”此条史料不仅描述了“海倮倮”居平坝、种水田,与汉人杂居,而且指出其在衣食住行各方面都与汉族无异,只有语言不同。

乾隆《滇黔志略》卷十五《云南・种人》记述:“海猓猡,惟曲靖府有之,一名‘坝猓猡’。土人以平原可垦为田者呼为‘海’,或呼为‘坝’,故得名。性情淳和,男妇衣饰同汉制,以耕读为生,急公输税,猓猡中最近于汉者。”

道光《云南通志稿》卷一百八十二记载:“寻甸有之,居家俭朴,性情和纯,且知读书。”

道光《云南通志稿》卷一百八十二引《皇清职贡图》记载:“海猓猡,惟曲靖府有之,一名‘坝猓猡’,居平川,种水田。土人以田亩广延者为‘海’,或呼为‘坝’,故得名。或云即‘白猓猡’也。与齐民杂处,其服食、语言俱相似,惟与同类语则有别,勤于耕作,急公输税,间有读书者。”

乾隆《沾益州志》卷二《风俗》说:“海彝,居海地,洪武时入流,为亦佐(今属富源县)土县丞。康熙五年改为太平、久安、长治三里,隶沾益州。二十八年,平彝复县,以久安、长治二里归并平彝,其太平一里仍属沾益。其习与诸夷近,然德化所感,皆知保父母妻子以为顺民,渐且革心向义,用夏变夷,骎骎乎有文物衣冠之盛矣。”

“海倮倮”应该是南诏、大理国时期磨弥部或夜苴部中的一部分,元、明以后,与汉族的接触较多,原始的氏族、部落界线已被彻底突破,但与其他部分彝族仍有差异,又因其居住在“海子”即平坝地区,所以被称之为“海倮倮”。

清朝时期,地主经济发展较快的是滇中和滇西的平坝区。这些地区中彝族地主和农民的生活状况与同区域的汉族已没有差别,其中的“海倮倮”居住在平坝区,从事农耕生产,种植水田,生产技术与汉人相近,受到汉文化的影响较深,风俗与汉人最为接近。

阿倨倮㑩

原文

师宗有之，树皮为屋，身披羊皮，种植谷荞野麻，不知长幼尊卑。

考释

"阿倨"即"阿者"，记录中也写作"阿蝎㑩㑩"等。清朝时期，师宗州、禄劝州（农部）都有一部分"阿倨"，分布较广，以树皮为屋是其一大特点。

雍正《师宗州志》卷下《土司考·附种人》说："阿焻㑩㑩，树皮为屋，掘硐作窝。身披羊皮。种植谷荞野麻。不知尊卑长幼。阿宁乡、戈必、矣能、慕衣有之。"

乾隆《农部琐录》卷十二说："阿倨㑩㑩者，树皮为屋，身披羊皮，种植荞麻，不知尊卑长幼。"

道光《云南通志稿》卷一百八十二记载："阿蝎倮㑩，师宗有之，树皮为屋，身披羊皮，种植谷荞野麻，不知尊卑长幼。"

近代彝族中有一部分自称"阿哲濮"，是为彝族的"阿哲"支系，即古代的"阿者"。近代"阿哲濮"分布在弥勒、易门、双柏、新平一带，部分与古代记录仍相符，部分则是后来继续流动的结果。

葛猓猡

原文

弥勒有之，性犷悍，以死为勇，好猎，亦带耳环、骨簪，俗同黑猡。男子着麻衣，妇人袍裙稍短。

考释

“葛猓猡”即“葛倮㑩”，又称为“个猓”“果罗”，原为乌蛮中的一部分，清代主要居住在广西府（乾隆时降为直隶州），散及武定府和临安府的纳楼土司辖境内。“葛”为彝语星宿之意，故在民族识别中自称“星宿族”。

广西府有“葛猓猡”。康熙《广西府志》卷十一说：“葛猓猡，此类性犷悍，以死为勇，好猎，亦戴耳环、骨簪，俗同黑猓，但男子着麻衣，妇人袍裙稍短。”

雍正《云南通志》卷二十四说：“葛猓猡，弥勒有之，性犷悍，以死为勇，好猎。亦带耳环骨簪，俗同黑猡，但男子着麻衣，妇人袍裙稍短。”

雍正《师宗州志》卷下《土司考·附种人》说：“个猓猡，性刚狠，善偷窃，终年围火，夜向火炙背。不入城市，罔知法度。矣麦、法杂、扯落、木古、落矣、揑遣、甲束、千甸、大哨多有之。”

道光《云南通志稿》卷一百八十二记载：“葛猓猡，弥勒有之，性犷悍，以死为勇，好猎，亦带耳环、骨簪，俗同黑猡。但男子着麻衣，妇人袍裙稍短。”

道光《云南通志稿》卷一百八十二引《伯麟图说》记载："依山居，性刚好猎。渐被既久，颇习农业而变旧俗。广西州属有之。"

武定府也有"葛倮㑩"。乾隆《农部琐录》卷十二说："葛猓猡者，以死为勇，好猎，亦戴耳环、骨簪，俗同乌蛮，但袍裙稍短。"

元谋亦有一部分"葛倮㑩"。道光《云南通志稿》卷一百八十三引《元谋县志》说："个猓，乃属生夷。缠头跣足，结髻薙髭。"

临安府也有"葛倮㑩"。嘉庆《临安府志》卷十八《土司志附夷俗》说："果罗，以六月二十四日为节，十二月二十四日为年。"

嘉庆《临安府志》卷十八《土司志·纳楼土司所辖种人》说："果罗，……通汉语，男女皆缠头跣足。男服用青蓝色；女则发分两辫相盘，蒙以方尺青布，镶红绿色，杂海巴为饰。务耕作，好饮酒，饭多间以荞豆。"

近代武定一带的彝族中有一部分自称"格颇""阿多颇"，或以为属于彝族中的"格（葛）颇"支系。"格"与"葛"同声，译写通用；"颇"（或写作"泼"）在彝语中是人的意思。当地则以其为"倮㑩"中的一部分，故称之为"葛（格）倮""葛（格）倮㑩"。

近代"葛颇"仍然主要分布在泸西、弥勒、师宗一带，即清代广西府（广西直隶州）之地。流入武定府和临安府的部分，已混合入当地其他部分彝族之中。

罗婺

原文

一称“罗武”,又称“罗午”。本武定种,古以名郡,今永北、罗次皆有之。男子髻束高顶,戴笠披毡,衣火草布,粗而坚织,或市之省城,为囊橐以盛米麦。妇女辫发,两绺垂肩上,杂砗磲璎珞,方领黑衣,长裙跣足。居山林高阜,牧养为业。有屋,无床榻,以松叶藉地而卧。婚姻喜庆,集松棚为宴,葬用火化,枪刀行坐不释,嗜酒好斗,狡猾难治。

考释

“罗婺”又写作“罗武”“罗午”“罗舞”。唐初分布于武定、禄劝、元谋一带,汉文献称之为“俭望蛮”。宋代在当地形成势力强大的“罗婺”部(今武定县是“罗婺”部的故地),为乌蛮三十七部之首,明代因战争和改土归流等原因,故迁徙至各地山区,清代已遍布楚雄、景东等地,为彝族重要支系。

“罗婺”迁移流散的地域较广,在所到之处与彝族中的其他支系接触当中,原有的文化生活特征有所改变,但没有完全消失。至近代,则分别成为彝族中的“聂苏”支系和“纳苏”支系中的一部分。他们都放弃了“罗婺”的自称。但当地仍称“聂苏”支系的彝族为“罗婺”;“纳苏”支系中的大部分则仍然居住在武定、禄劝一带,即原“罗婺”部之地。

乾隆《滇黔志略》卷十五《云南·种人》记述:“罗婺,一称

‘罗武’,俗又称‘罗午’。武定、永昌、景东等府所属有之。男子挽发戴笠,耳戴大环。妇女辫发垂肩,饰以砗磲璎珞。采山草中,缉而织之,粗恶而坚致,名曰‘火草布’,男女服之;或市为囊橐,以盛米麦。”

道光《云南通志稿》卷一百八十三记载:“一称‘罗武’,俗又称‘罗午’。本武定种,古以名郡,今楚雄、姚安、永北、罗次皆有之。男子髻束高顶,戴笠披毡,衣火草布,其草得于山中,缉而织之,粗恶而坚致,或市之省城,为囊橐以盛米麦。妇女辫发,两绺垂肩上,杂以砗磲璎珞,方领黑衣,长裙跣足。居山林高阜,牧养为业。有屋无床榻,以松叶藉地而卧。婚姻喜庆之事,结一松棚为宴,葬用火化,腰刀长枪行坐不释,嗜酒好斗,狡猾难治。”

道光《云南通志稿》卷一百八十三引《皇清职贡图》记载:“罗婺,自宋时大理段氏立罗武部长,至元、明俱辖于[武定]土司。嘉靖中改归流官,其部落流入云南、大理、楚雄、姚安、永昌、景东等七府。居多在山林高阜,藉地寝处。男子挽发戴笠,短衣披毡衫,佩刀跣足,耕种输税。妇人辫发垂肩,饰以珠石,短衣长裙,皆染皂色。其地产火草,绩而为布,理粗质坚,衣服之余或贸于市。”

康熙《楚雄府志》卷一《风俗·土人种类》说:“罗武,状类猓猡,犷诈好讼。有书字(按,老彝文)。女不着袴,系桶裙,衣不开胸襟,从首领而褂之。”

康熙《定远县志》卷一《风俗》载:“罗婺,种类猓猡。其性愚朴,居山中,住草房,种苦荞杂粮为食。”

道光《定远县志》卷二说:“罗武,种类猓猡。其性愚朴,居山中,住草房,种苦荞杂粮而食之。男子缠头跣足,女人织毛布为衣,裹头用布,下缀樱花,腰着桶裙,手绾铜镯。居家亦知有礼。”

道光《大姚县志》卷七《种人志》说:“罗婺,嗜酒善斗,粗暴难驯。男子束发高顶，戴笠披毡，衣火草布。妇人辫发，两绺垂肩上，方领黑衣，长裙跣足。居山林高阜，牧养牲畜为业。北界苴却一带有之。谓之‘罗武’，以多自武定移来者也。”

康熙《大理府志》卷十二云龙州《风俗》条记载：“猡獛，亦俱山居，然颇知伦理，有华风。富者周贫，耕者助力。饶荞稗、牲畜。岁春，烹宰牛羊，召亲戚会食，歌笑为乐。腊则宰豚，登山顶以祀天神。暇时则猎。凡蔓青、笋蕨之属，悉干而储之，以备荒年。披羊皮毛毡，秽恶不可近。语非重译，不能通。”

道光《浪穹县志》卷十一说：“罗武，在黑惠江西岸沿山而居，户口颇多。种荞鬻薪，频赴云龙五井（按，盐井）为人工作。负盐贩卖，愚鲁朴直。衣食寒俭，能耐贫苦。披毡衣麻，包头跣足。性怯懦，耻为盗。其地乱山合沓，古木骈生。近来四处流民以尺布只鸡租种山地，烧山伐木，多种包麦，广殖香蕈，聚集渐多，转受欺压。”

光绪《浪穹县志略》卷十三《杂志·种人》说：“猡武，一名‘罗婺’，又名‘罗午’。……浪穹在黑惠江西岸沿山而居，户口颇多。……近年川民移家来者，以尺布只鸡租种山地，聚集渐多，反客为主，转受欺压。欲抚绥夷众在编，查流民寄住始。”

雍正《景东府志》卷三《夷民种类》条说：“罗婺，性黠，亦务种植，好屠宰。女大耳圈，着短衣，裙用密褶，垂繻于边，用铜钏以宽布袱缀海肥覆其首，长裙跣足。居山林高阜，有屋无床榻，以松叶藉地而卧。嗜酒好斗。”

乾隆《易门县志》卷六说：“罗婺，一称‘罗武’，又称‘罗舞’。本武定种，男子髻束高顶，戴笠披毡，衣火草布，其草得于山中，缉而织之，粗恶而坚致，或市为布袋，以盛米麦。妇女辫发两绺垂肩上，杂以砗磲璎珞，方领黑衣，长裙跣足。居山林高阜，牧养为业。有屋无床榻，以松叶藉地而卧。婚姻喜庆之事，结一松棚为宴，葬用火化。腰刀长枪行坐不释，嗜酒好斗。"

道光《昆阳州志》卷五说："罗武，其类多聚处不杂，州境惟罗武哨及大小罗武二村，离州治二十里。其人性直，耻盗。"

雍正《师宗州志》卷下《土司考·附种人》条说："罗武猓猡，无姓氏，服饰婚丧与黑猓猡同。性凶悍，多为穿窬。种苦荞燕麦稗。多用弩。槟榔洞、六庆里、豆温乡有之。"

道光《新平县志》卷六《土司·种人附》载："罗武，在哀牢山上，性顽健，冬夏衣皮。"

从以上史料可知，迟至清代时，"罗婺"部人口已散居楚雄府所属各州县（包括姚安、大姚），更南及景东府，西及大理府的云龙州、浪穹县和永昌府；又由武定向南及于云南府的昆阳州和易门县，更向东散及师宗州。"罗婺"部人口向四周扩散后，散居于元谋、牟定、姚安、永仁等地。双柏的"罗婺"自称"乃苏"，元明时期，自武定迁入。清毛奇龄《云南蛮司志》称："自楚迤南，有名真罗武者。"指的就是今双柏县"罗武"。① "罗武"居于交通沿线城镇的部分，逐渐汉化。居于广大农村的"罗婺"人口，则长期保留了本民族集体的习俗和方言。从武定府迁出的那部分"罗婺"人，与当地"倮倮"的其他部分及汉、白等族相杂居，他们在保持着原来的名称（"罗婺"）和习俗的同时，也逐步吸收同区域内其他部分的"倮倮"文化和汉族文化，因而与仍然居住在武定的那部分"罗婺"人产生了一定程度的差异。

① 杨甫旺、杨杨：《楚雄彝族文化的源与流》，《楚雄师范学院学报》2016年第10期。

摩　察

原文

黑猡猡之类，在大理、蒙化者执木弓、药矢，遇鸟兽射之，无不获，所逢必劫，遇强必拒，在武定者，一曰“木察”，习稍柔善。

考释

“摩察”又名“木察”“蒙舍”“迷撒”，译音不同而已。“摩察”最早为蒙化即蒙舍地区的一个氏族小集体，可能即唐初蒙舍诏的“乌蛮”。“摩察”是“蒙舍”的对音，为“黑猓之别种”，即“乌蛮”中的一部分。他们与其他地区的“乌蛮”存在着地方性的差别。随着南诏以蒙舍为基地扩大其统治的区域范围之后，蒙舍“乌蛮”的部落界线已经破坏，但在以后的长时期中，由于各地区彝族先民的各个部分之间政治、经济、文化发展的不平衡，区域性小集体的文化特征始终没有被磨灭，而“摩察”也就始终“不与他境猓猡同”。到清朝时期，“摩察”的居住区域已不限于原来的蒙化，而是逐渐外迁，向四周流徙，以致武定府、姚安府、楚雄府等地也有“摩察”人口。

乾隆《滇黔志略》卷十五《云南・种人》记述：“摩察，一曰‘木察’，武定、大理、蒙化所属有此种。男子束发缠头，耳带圈环，腰系短刀，执木弓药矢，与妇女猎鸟兽为生。”

道光《云南通志稿》卷一百八十三记载：“黑猡猡之别类，在大理、蒙化者，执木弓、药矢，遇鸟兽射之无不获，所逢必劫，遇强必拒，在武定者，一曰‘木察’，习稍柔善。”

道光《云南通志稿》卷一百八十三引《皇清职贡图》记载：“摩察，本黑猡猡苗裔，而种类各别。自元张立道为大理劝农使，诸蛮相率来降，收为郡县，今武定、大理、蒙化三府皆有之。居处与黑猡猡同，男子束发裹头，耳缀大环，短衣披毡衫，佩短刀，以木弓药矢射鸟兽为食；妇女皂布裹头，饰以砗磲，短衣长裙，跣足，亦习射猎。其有田地者，种稻纳粮。”又引《楚雄府志》记载：“蛮音鴂舌，形貌黝黑，男女以青白布裹头，不知盥栉。其性遇强则畏，遇弱则凌。”

道光《云南通志稿》卷一百八十三引《伯麟图说》记载：“性强，习于弩，猎必获兽，近颇有变其旧习者。大理府及楚雄有之。”

对“摩察”居于各地的部分，诸史或又称为“麦岔”“密叉”“嫚且”“蒙化”等名，皆“摩察”之音转，都指“摩察”这一氏族部落集体。在武定者名“麦岔”，在易门者名“密叉”，在元江者名“密期颇”，在姚安者名“嫚且”，在顺宁者名“蒙化夷”。近代，滇中以北滇池流域的“摩察”形成彝族的“密岔”（密期）支系，哀牢山、无量山及开远、文山、马关等地的“摩察”自称“密撒（泼）”，即彝族的“迷撒拔”（“迷”可写作“密”，“拔”也写作“泼”或“颇”）支系。

僰 夷

原文

一名“摆夷”，又称“百夷”，盖声近而讹也。性奈暑热，居多卑湿棘下，故从棘从人。滇之西南旷野多湿棘，僰夷宅之。种类数十，风俗稍别，名号亦殊。其俗称宣慰曰“昭”，华言“主人”也。其官属有叨孟、昭录、昭纲。无文字，小事刻木为契，如期不爽，大事写缅字为檄，无文案。城池因高山为岩，无仓廪、租赋，每秋冬遣亲信往各甸，计房屋征银，谓之“差发”。每屋一楹，输银一两或二三两。其法：杀人与奸者皆死。道不拾遗。军民无定籍。男贵女贱，虽小人视妻如奴仆，耕织、贸易、徭役皆妇人任之，非疾病、非老不得息。凡妻生子，贵者以水浴于家，贱者浴于河，三日后，以子授其夫，耕织自若。头目之妻百数，婢亦数百，少者数十，庶民亦有数十妻，无妒忌之嫌。旧俗不重处，女及笄始禁足，今则此俗渐革矣。官民皆髡首黥足，有不髡者，酋长杀之，不黥足，则众嗤之曰“妇人”也。妇人绾独髻脑后，以白布裹之，窄袖白布衫，皂布桶裙。贵者锦绣，跣足。凡子弟有职名，则受父母跪拜。人死用妇人祝于尸前，亲邻相聚，少年百数人饮酒作乐，歌舞达旦，谓之“娱尸”。妇人群聚击碓杵为戏，数日而后葬，葬则亲者一人持火及刀前导至葬所，以板数片瘗之，其人素所用器皿、甲胄、戈盾皆坏之，悬于墓侧，后绝无祭扫之礼。在禄丰、罗次、元谋者，男带黑布帽，窄袖白衫，妇着桶裙，好楼居，釜甑俱以陶瓦，俗尚奢侈，孟春作土主会，称贷以炫其饰，又有秋千会，男女杂坐，信鬼好讼，见人多所忌讳，掘鼠及虾蟆以敬宾客。葬有棺，少哀戚。在江川、路南者，构竹楼临水而居，楼下畜牛马，妇人耳带大环，婚用牛，祭用羊，知蚕桑，勤耕织，性柔畏法，见人退让。在临安者，男青白，缠头着草，革履，衣有襞绩。妇人白，束发缠叠如仰螺，好鬼喜浴，极寒犹然。山居构草楼，家人狎处，稍以帷帐间其卧处。丧衣绯，架木置尸其上，吊者各散红布缎一方，召拜祃，诵夷经三日，以箪裹而舁之山，妻不更嫁，名曰"鬼妻"。其食糯米、蜻蜓。在蒙自者，插鸡尾笠端，出则捕猎，居则纺织。在阿迷者，为滇庄佃民，习同蒲人。新化、纳楼、溪处大略同，皆同在十八寨者，性险好杀，畜蛊饵毒捕鱼、食鼠，焚骨而葬。又有髡发者曰"光头僰夷"，盖习车里之俗，额上黥刺月牙，所谓"雕题"也。见流官盘膝坐，举手加额为敬，男女先通后娶。葬不复顾。或梦亡者，昧爽至冢上设一石，祝之曰"勿再返也"。在顺宁者，冠青而锐其顶耳环，踏履，好衣素，婚嫁用牛，贫不能具者，佣女家三年。丧有棺敛，封葬以石，为人佃作，性懦弱。在剑川者，言语侏离，所居瘴疠，棺如马槽，以板为之，惟农业陶冶是务。惧讼信鬼。在腾越者，火炙肉食不求其熟，或取蜂糟而食之。习缅字，器用粗磁。在曲靖者，号"白脚僰夷"。男女俱短衣长裳，茜齿文身，戴笠跣足。在镇南者，男短衣，妇桶裙，跣足，婚礼夷歌侑食。人死，令亲者捉刀尸旁，昼夜守之，亲朋以酒奠，捉刀人呼死者之名，灌诸口中，如是三日而葬。每村置树以为神，六月廿四日集众燃炬，哗而赛神，所居在山巅。在姚安者，滨水好浴，腰系竹笼捕鱼，婚用牛羊，至女家以水泼女足为定。箨叶为尖顶帽，擅土布羊毛之利。在元江者，能为鬼魅，以一帚系衣后，即变形为象、马、猪、羊、猫、犬，立通衢，或直冲行人，稍畏避之，即为所魅入腰中，食其五脏，易之以土。昔有客言：曾卧病，医巫勿效，祷于大士，梦一女子于其肋下出，二小儿渐成老人，女子叱之乃去，病遂已。知者遇其所变物，以一手捉之，一手挺拳痛捶之，必复为人。夺其帚而麾之，即哀求以家赀之半丐脱，食中多置毒药，中之不治。估客娶夷女者，欲出必问还期，或一二年，或三四年，女即以毒饵之，如期至，更以药解救，亦无他，若不尔，必毒发而死，所许还期即死日也。与外人交易爽约失信及私窥其妻女者必毒之。信实朴厚者，累出入亦无伤。其地高原旷野，土产槟榔，种莳如中国农桑，葩时杀犬，洒血污之。

考释

见"上编　二十二种人考释"之"僰夷"条考释。

猡　黑

原文

顺宁有之,亦蒲、僰之异派,其俗与僰人不甚相远。蜂蛇鼠蛤俱啖。勤于耕作,妇人任力,男子出猎。居山箐。

考释

见“上编　二十二种人考释”之“猡黑”条考释。

扑　喇

原文

又名“扑腊”，婚丧与猓猡同而语言不通。蓬头跣足，衣不浣濯，卧以牛皮，覆用羊革毡衫。在宁州者强悍，专务剽掠。在石屏州者，良善畏法，为编民。在王弄山者，一名“马喇”，首插鸡羽。男子服红经白纬衣，妇女衣白。垦山种木棉为业。

考释

“扑喇”即“朴剌”，又写作“泼哇”“卜拉”“普拉”“朴腊”“普腊”，首见于明初的史载记录。它是滇南和滇东南地区（今红河州、文山州）的一个方言集体，风俗虽与“倮倮”的其他部分相同，但语言与彝族中的其他部分差别较大，为今彝族中的又一个区域性方言小集体（“仆拉”支系）。其何以得名则不得而知。

“朴剌”主要分布在滇南和滇东南地区。见于清代记录，则其分布面较之明代更为广泛。至清朝中期，今墨江县以北、师宗县以南的广大区域内，都有分布。

乾隆《滇黔志略》卷十五《云南・种人》记述：“扑喇，一名‘扑腊’，其在王弄山者又名‘马喇’，临安、广西、广南、元江四府所属有之。居处多在高阜峻绝之处。男子束发裹头，插鸡羽，耕山种木棉，捕禽鸟为生。妇人耳带银环，身披羊皮，常负瓜菜入市贸易。”

雍正《云南通志》卷二十四记载：“一名‘朴腊’，婚丧与猡猡同，而语言不通。蓬头跣足，衣不浣濯，卧以牛皮，覆用羊革毡衫。

在宁州者强悍，专务剽掠；在石屏州者良善畏法，为编民。首插鸡羽，男子服红经白纬衣，妇女衣白。常负瓜蔬入市贸易，垦山种木棉为业。”

道光《云南通志稿》卷一百八十三引《皇清职贡图》说：“扑喇，一名‘扑腊’，古蒲那，九隆之苗裔。南诏蒙氏为寻甸部，至元初内附。今临安、广西、广南、元江四府俱有此种。多居高山峻岭。男子束发裹头，插鸡羽，着青布衣，披羊皮，跣足。耕山种木棉，取禽鸟为生。妇青布裹头，青布长衣，常负瓜蔬入市贸易。其在王弄山者，又名‘马喇’，即其种类。”

居于临安府境内的“朴刺”。康熙《蒙自县志》卷三《土官·附彝俗》条说：“獛猁，性略驯于猡鸡。居必深林密箐，刀耕火种，不治水田，岁易其土，以养地力，三年复耕旧陇，五谷兼种。亦拥炉夜卧，无被褥，与猡鸡同。祭死者以牛羊豕，名曰‘三乐’。”

康熙《阿迷州志·风俗志》说：“朴刺，婚丧与猓猡同而言语不通，蓬首跣足，貌多垢陋。至仅有人形者，山居火耕，迁徙靡常。衣麻，披羊皮，弩矢随身，务剽掠，记仇怨。能毒人。”分布在阿迷州（今开远市）的朴喇发展较为落后。

雍正《临安府志》卷七《风俗·附种人》说：“朴刺，性懦胆小，身倭面黑，略通汉语。服色尚青，衣不过腰，裤不过膝，蓬头跣足，种植棉花杂粮为业。”

嘉庆《临安府志》卷十八《土司志·纳楼土司所辖种人》条说：“朴刺，……言语不通，蓬头跣足，衣不浣濯，卧用牛皮，覆以羊革毡衫。男服红经白纬衣，妇女衣白。垦山种木棉为业。”

道光《云南通志稿》卷一百八十三引《伯麟图说》记载：“性野，言语不通，务耕植，行住皆负羊皮，临安府及他郡州皆有之。”

以上可知“朴刺”为“倮倮”中的一部分，风俗虽“与猓猡同，而语言不通”。临安府为“朴剌”较早时期的聚居区,然而后来的分布区域散布甚广,已不止于临安府境。

开化府亦有“朴剌”。乾隆《开化府志》卷九《风俗·种人》记载:“黑濮喇,一名‘普腊’,婚丧与猓猡同,而言语不通。蓬头跣足,衣不浣濯,卧以牛皮,覆用羊革毡衫。刀耕火种,数易其土,以养地力。祭则用牛羊豕,名曰‘三乐’。”开化府在今文山州以西。分布在开化府的“朴剌”因内部发展不平衡而被分为“黑朴喇”“白朴喇”和“花朴喇”。

“白濮喇,性最朴,多住山坡,种荞麦杂粮火麻之类。衣白麻布,妇人以绳束发,青绿磁珠杂海贝环饰,顶垂璎珞。婚多苟合,礼较简,丧无孝服,亦不用棺,以木架扛送火化。腊月初旬过年。”

“花濮喇,丧亦用棺,葬不忍火,且论山向,自谓不似诸夷,各有古礼。语言亦微异。”“花朴喇”因吸收汉文化较多,发展得更快一些。已经放弃火葬的习俗,改为棺葬,而且还有风水的讲究。

“马喇,居王弄山,垦山种棉为业。男子服红经白纬布,妇女衣白。首插鸡羽,风俗与黑、白濮喇不甚相远。”在王弄山(文山西部老回龙镇)者,又名“马喇”。

道光《云南通志稿》卷一百八十三引《伯麟图说》记载:“白朴喇,性耐劳,耕余劈竹为筐,入市易食,寒燠一絺衣,诸夷中之特贫者。开化府属有之。”“白朴喇”是“朴喇”中最为贫苦的一部分。

广南府有“朴剌”,且情况与开化府相同,也有黑、白、花“朴喇”。而广南府无“马喇”,故道光《广南府志》卷二不载。

广西府有“朴剌”,其情形见康熙《广西府志》卷十一《诸彝考》载:“朴喇,在水下地方,多依大维摩山(按,大维摩山在广西、广南、开化三府交接地带,即今丘北、师宗、广南、砚山等县连接地带)居住,食生物生虫,犷悍为甚。”

雍正《师宗州志》卷下《土司考·附种人》载:“朴腊猓猡,性桀骜,倚山为险,服饰亦似沙人,形黑好斗,畋猎为务。江外下三乡有之。”此处的“江外下三乡”指广西府以东盘江之外的马者龙、阿宁、丘北(《广西府志》中指崾岣里)三乡。

道光《云南通志稿》卷一百八十二引《伯麟图说》记载:“普拉猡猡,力勇,居山巅,短衣不覆,出必持弩罠,以佃以渔。广西州属有之。”

元江府有“朴剌”。据康熙《元江府志》卷二《彝人种类》说:“朴喇,婚丧与猓猡同而言语不通。蓬头跣足,衣不浣濯,卧以牛皮,覆以羊革毡衫。在宁州者强悍,专务剽掠;在元江、石屏者良善畏法,为编民。首插鸡羽。男子服红经白纬衣,妇女衣纯白。葬火化。”

新平县有“卜喇”。据康熙《新平县志》卷二《新化风俗》载:“卜喇,性软,居深箐,开山地栽荞稗。不见官不纳粮。间亦有畜牛羊以资衣食。”

近代彝族中有一部分自称“泼哇”“泼拉塔”“图拉颇”“颇罗”“普勒颇”,当地汉族称其为“朴拉”“卜拉”“普拉”。是彝族中的“仆拉”支系,可能由“朴剌”演变而来。“仆拉”支系分布于今石屏、开远、蒙自、峨山、文山、砚山、马关、河口、屏边、金平、广南、西畴、丘北、泸西、师宗、元江等地,这一分布与明、清时期“朴剌”的分布情况基本一致。

普　特

原文

以渔为业，性耐寒，舟不盈丈，而炊爨、牲畜、资生之具咸备。又有泅水捕鱼者，丹须蓬发，竟没水中，与波俱起，口啮手捉皆巨鱼，今滇池旁碧鸡山下有此种类。

考释

“普特”是彝族“撒弥”人的一部分，而“撒弥”是从“撒摩都”中分化出来的一部分。居住在滇池岸边昆明市晋宁区及西山区碧鸡关一带。何以称为“普特”尚不可考。“普特”是一个完全的水居群体，他们滨水居住或世代舟居，以船为家，以捕鱼为生，以滇池为家，擅长潜入水中徒手捉住大鱼。他们纯以渔业为生，不从事农耕和商贸。

《滇夷图说·普特图说》：“普特，性耐寒，以渔为业。舟不盈丈，而炊爨、牲畜、资生之具咸备。又有泅水捕鱼者，丹须蓬发，竟没水中，与波俱起，口啮手捉皆巨鱼，今滇池傍碧鸡山下有此种类。”《滇省夷人图说》：“普特，善渔，舟不盈丈，而资生之具咸备。性耐寒，出没水波间，口衔手掬皆鱼也。云南府属昆明有之。”

《滇夷图说》与《滇省夷人图说》的图像十分相似，二者画面左上方都是悬崖峭壁，右侧为大片的滇池湖水，一渔户于水中捕鱼，其妻儿在舟中歇息。构图、景物与人物相同，但是在细部上有差异。从捕鱼方式看，《滇夷图说》绘画如文字所言是“口啮手捉”，双手各执一鱼，口中还咬着一尾；《滇省夷人图说》则是渔户立于水中，口衔一鱼，双手于水中鱼篓摸鱼。对照文字，《滇夷图说》有“泅水捕鱼……竟没水中，与波俱起”的描述，画面中渔舟浮在侧边，渔户所处水域不可能太浅，不可能立于水中使用鱼篓，泅水捕鱼与之相符。《滇省夷人图说》的画面增加了其文中没有提及的鱼篓，渔户“手掬”之鱼在鱼篓中，图文不完全相符。《滇夷图说》有“滇池傍碧鸡山下”之语，尽管画面中的悬崖峭壁未必就指代碧鸡山，但图文之间不免让人产生对应性联想，而《滇省夷人图说》的图像虽有悬崖峭壁，但说文只提到“云南府属昆明”，没有《滇夷图说》那么具体。《滇夷图说》绘有的船桨、鸡鸭在《滇省夷人图说》中没有出现；二者所绘炊具的位置不同，《滇夷图说》中的炊具在船头，而《滇省夷人图说》中的炊具在船舱。《滇夷图说》的舟中小儿被母亲环抱、扶持，而在《滇省夷人图说》中则独自站立着，手摇一纸质风车。①

康熙《宁州郡志·彝俗》说：“普特，惟以捕鱼，不事耕种商贾。”

道光《云南通志稿》引述乾隆《云南通志》，与《滇夷图说》说文一致：“普特，以渔为业，性耐寒，舟不盈丈，而炊爨、牲畜、资生之具咸备。又有泅水捕鱼者，丹须蓬发，竟没水中，与波俱起，口啮手捉皆巨鱼，今滇池旁碧鸡山下有此种类。”又引述《宁州志》：“惟捕鱼，不事耕种商贾。”宣统《宁州志·种人》记述：“普特水居，以渔为业。”宁州大致为今云南省玉溪市华宁县。

“普特”是“撒弥”中的渔户的名称，也是撒摩都中的一部分。明朝初年以后，从“撒摩都”中分化出一部分称为“撒弥”；同时，“撒弥”中居住近水的部分，以捕鱼为业，与“居山者耕瘠土”的部

① 李立、史青：《清代云南“夷人图说”研究》，中华书局，2021年，第124—125页。

分在生产、生活方式上有所区别,乃称之为“普特”。①

从史志记载看,从明初至清末,“普特”的生活区域与生计方式相对稳定,没有太大变化。即在滇池周边,以捕鱼为生,不从事农业生产和商业贸易活动。稍有改变的是,“普特”对官府的态度从明初积极纳税转变为明末抗拒服徭役,此外就是捕鱼的方式从“口啮手捉”到“口衔手掬”。②

---

① 也有人认为,居住在湖泊附近的彝族当然有以渔为业的情形,但大多数“撒弥人”仍然以农耕牧猎为主,不能因为两个族群都有水居渔业就把他们视为一种。明清文献中的“普特人”“渔户”,最终可能是融入彝族、汉族中的壮侗系民族的一支,抑或即古滇人在近古时期的后代。(见詹剑波:《滇中地区的普特人》,2022 年 12 月 21 日新浪新闻[k.sina.com.cn/article_7517400647-1c0126e4705903uam3.html]。)

② 李立、史青:《清代云南“夷人图说”研究》,中华书局,2021 年,第 124 页。

窝　泥

原文

或曰“斡泥”。男环耳跣足,妇衣花布衫,以红白锦绳辫发数绺,海贝杂珠盘旋为螺髻,穿青黄珠垂胸为络,裳无襞褶,红黑纱缕间杂饰其左右,既适人,则以藤束膝下为识。娶妇数年无子,则出之。丧无棺,吊者击锣鼓摇铃,头插鸡尾跳舞,名曰“洗鬼”,忽泣忽饮。三日,采松为架,焚而葬其骨。祭用牛羊,挥扇环歌,拊掌踏足,以钲鼓芦笙为乐。食无箸,以手抟饭。勤生啬用,积贝一百二十索为一窖,死则嘱其子:“我生平藏贝若干矣,汝取某处窖,余留为来生用。”临安郡属县及左能寨、思陀、溪处、落恐诸长官司、景东、曲靖皆有之。在南安州又曰“和泥”。男子剪发齐眉,衣不掩胫,饮酒以一人吹芦笙为首,男女连手周旋跳舞为乐。死以雌雄鸡各一殉葬。阿迷州称“阿泥”,邓川州称“俄泥”。

考释

“窝泥”来自南诏大理国时期的“和蛮”,元朝称“斡蛮”或“斡泥”,明清称“窝泥”,又称“禾泥”“和泥”“阿泥”“俄泥”等,属氐羌系统民族,与“乌蛮”有亲缘关系,文化生活与“倮倮”有一定区别,内部有众多支系。主要居住在临安府西南及开化府所属各地,另一部分则散居在普洱、思茅、墨江、景东、景谷、元江、镇沅、江城一带。

乾隆《滇黔志略》卷十五《云南·种人》记述:“窝泥,或曰‘阿泥’,曰‘俄泥’。名虽不同,其实和泥蛮之裔。唐时威远睑为和泥蛮所据,称为因远部,窝泥属之。今云南临安、景东、镇沅、元江府所属有此种。居处深山,面赤黑,头戴麦秸草帽,身衣火草、麻布。男女遇年节,吹芦笙,为孔雀舞状以为乐。”

道光《云南通志稿》卷一百八十三引《皇清职贡图》:“窝泥,本和泥蛮之裔,南诏蒙氏置威远睒,称和泥为因远部,明置元江府,东至元江,南至车里,西至威远,北至思陀,皆和泥种。今云南、临安、景东、镇沅、元江五府皆有之。其人居深山中,性朴鲁、面黧黑,编麦秸为帽,以火草布及麻布为衣,男女皆短衫长袴。耕山牧豕,纳粮赋,常入市贸易,亦有与齐民杂处村寨者。其俗女适人,以藤束膝下为别,娶妇数年无子则逐之。祭祀、宴会击钲鼓,吹芦笙为乐。”

道光《云南通志稿》卷一百八十三引《伯麟图说》:“性啬。男子贯耳,女覆额以锦衣,亦五色相杂,其俗或以地殊。临安府及普洱、开化、景东皆有之。”

临安府有“窝泥”。雍正《临安府志》卷七《风俗·附种人》说:“窝泥,自呼‘哈宜’。性躁,面垢不洗,汉语少通,形相怪异。男子头包白帕,腰束长绳,并系以刀。凡谷熟,任置田间,有窃去者,能咒人头痛发热。”

嘉庆《临安府志》卷十八《纳楼土司所辖种人》条说:“窝泥,性躁,面垢不洗。男以白帕裹头,腰束皮绳。女子衣花布衫,以棉绳辮发数绺,穿海巴盘旋为饰。不居屋,凭高作篷,名曰‘掌’,似雀巢,男女悉处其上,下关牛马牲畜。种稻谷、棉花、靛草为业。”

阿迷州有“窝泥”。雍正《阿迷州志》卷十一《种人》说:“窝泥,或曰‘斡泥’。男环耳跣足,妇衣花布衫,以红白绵绳辮发数绺,海贝杂珠盘旋为螺髻,穿青黄珠垂胸为络,裳无襞绩,红黑纱缕间杂饰其左右。既适人,则以藤束腰下为识。丧无棺,吊者击鼓摇铃,头插鸡尾跳舞,名曰‘洗鬼’。忽泣忽饮三日,采松为架,焚而葬其骨。祭用牛羊,挥扇环歌,拊掌踏足,以钲鼓芦笙为乐。食无箸,以手抟饭。勤生啬用,积畜多用窖,死则嘱其子曰:‘我平生积若干窖,汝可取某处,余留为来生用。’”近代开远县仅有很少一部分哈尼族。

蒙自县有“窝泥”。康熙《蒙自县志》卷三《土官·附彝俗》说:“窝泥,自呼‘哈泥’。蒙邑有河泥里,即其所居也。其性柔畏法,不敢为盗贼。所居多茅屋。男能耕,女能织。春耕用牛,毕则放之于野,秋成获稻亦贮之陌上。其嫁女则索牛以为聘,夫死则归于母家,更适人,不闻于舅姑。”近代蒙自县仅有很少一部分哈尼族。

开化府有“窝泥”。乾隆《开化府志》卷九《风俗·种人》条:“窝泥,或曰‘斡泥’。男环耳跣足,妇衣花布衫。以红白棉绳辫发数绺,海贝杂珠盘旋为螺髻。穿青海珠垂胸为络。裳无襞積,红黑纱缕间杂饰其左右。既适人,则以藤束膝下为识。丧无棺,吊者击锣鼓摇铃,头插鸡尾跳舞,名曰‘洗鬼’。忽泣忽饮三日,采松为架,焚而葬其骨。祭用牛羊,挥扇环歌,拊掌踏足,以钲鼓芦笙为乐。性柔畏法,多处山麓耕种。”近代文山一带已无哈尼族,看来是清代以后融入当地汉族或彝族之中。

景东有“窝泥”。雍正《景东府志》卷三《夷民种类》说:“窝泥,男服皂衣;女束发,青布缠头,别用宽布帕覆之,衣用长桶,有领袖而无襟,穿衣自首套下,内着裤,领缀海肥,用锡作短小筒串以饰项。丧葬刳木为棺,祭用牛,贫则用猪。不记生而记死,每逢忌日,设牲祭于家,不出财,不出户。婚亦用媒往议,路遇野兽即返而他求。娶时有奶钱、阿舅钱、火头钱,动费数金,无银以牲畜代之。贫则入赘,多年始得携妻归。男亦务耕力作,女织粗葛布,止堪为袋。

性嗜酒，食犬肉。呼父曰‘簸’，呼母曰‘么’。”清乾隆三十五年（1770）景东由府改设直隶厅，辖境相当于今景东县，治所景东。近代景东的哈尼族人口仍不少。

新平县有“窝泥”。康熙《新平县志》卷二《风俗·附种人》说：“窝泥，性多狡猾。耕田纳粮，间亦为盗。住居近水，喜捕鱼虾。婚用媒妁。死无棺木，击鼓摇铃，焚而葬其骨。祭用牛羊。”近代新平县仍有不少的哈尼族人口。

嶍峨县有“窝泥”。康熙《嶍峨县志》卷二《种人》说：“窝泥，男子多跣足。妇女衣衫，以棉绳辫发数绺，穿海贝盘旋为饰，穿珠垂胸。人死无棺，击锣鼓摇铃，头插鸡尾跳舞，名曰‘洗鬼’。三日采松为架，焚而葬其骨。祭用牛羊。”近代峨山县仍有一部分哈尼族人口。

元江府有“窝泥”。康熙《元江府志》卷二《彝人种类》说：“阿泥，秉性俭朴，食茹饮淡。男勤耕，女勤织，不敢为非，路不拾遗。居家，男女事长下气柔声。服食居处多与汉人同。男将婚，告知族人，女将嫁，亦告族人，两家会亲，然后婚媾。死葬同汉俗。”近代元江仍多有哈尼族。

清朝时，哈尼族内部的生产关系也比较复杂。在临安府南部（今红河州南部）一带，一些小封建领主利用农村公社的组织形式，对其辖境内的居民进行各种各样的剥削，而以其剥削所得的一部分，通过临安府的流官，上交给清廷。至于散在其他府、州、县境内的各个部分，有的是直接受流官的剥削统治，有的则单独保持着农村公社的组织，受村社头人的剥削，村社头人则向所在地区的流官交贡纳税；有的则以大大小小的家族为单位，往来迁移，无论是土官还是流官，都很难对他们采取任何形式的剥削。

清代哈尼族中各个部分的生产发展仍然极不平衡。在临安府南部、元江、他郎等地的哈尼族，农业生产发展较快，普遍耕种梯田，“依山麓平旷处，开作田间，层层相间，远望如画，至山势峻急，蹑坎而登，有石梯磴。水源高者，通以略杓，数里不绝”（嘉庆《临安府志》卷十八）。梯田开垦技术达到相当高的水平，反映了这部分哈尼族农业生产发展较快的情况。纺织手工业则由个体家庭妇女单独操作，道光《他郎厅志》记载：“男勤稼穑，女事纺绩。”在思茅厅境内的哈尼族除农业生产外，更多是以采茶为生。墨江至普洱一带的哈尼族生产相对落后，农业生产主要由妇女承担，男子更多则是从事畜牧业和狩猎，或者“不种田，种棉花，采芦，捕猎为生”（道光《普洱府志》卷十八）。元江地区的哈尼族在手工业生产方面比较突出，尤其是竹器编织方面，所编制的竹几、竹床、竹桌、竹凳，多作为商品进入市场交换。

糯　比

原文

元江有之,即阿泥之别种,风俗与阿泥同。

考释

见“上编　二十二种人考释”之“糯比”条考释。

黑　铺

原文

元江有之，其俗与阿泥同，而言语微异，性巧慧，善作宫室，编竹为器，一切床几桌凳备极精巧，汉人莫能及。男多黧黑，女微白，上下相接皆有礼，畜养山羊，不食羊肉，夷中之最善者。

考释

“黑铺”又写作“黑蒲”“黑普”“黑濮”，自称“濮”，来自于汉晋时的昆明族，至近代或以为是哈尼族中的一个支系，即今哈尼族中的一部分。分布于滇南地区，居住在景东、澜沧、双江、耿马、勐海等县。也有学者认为“黑濮”是“闽濮”的后裔，因肤色较黑，故被称为“黑濮”。按民族语言系属划分，应为南亚语系孟高棉语族的民族，在民族识别中被归入布朗族或德昂族。①

康熙《元江府志》卷二《彝人种类》说：“黑铺，其俗与阿泥同而言语微异，性巧慧，善作宫室，元江器用竹几、竹床、竹桌、竹凳、竹梯备极精巧，虽汉人不能过。男多黧黑，女微白，侍上接下皆以礼，畜养山羊，不食羊肉，彝中最善者。”

康熙《新平县志》卷二《新化风俗》说：“黑普，性类摆衣，怕见汉人，形容最黑，不应赋役。”

---

① 王燕：《近现代云南民族的分化与融合》，《四川民族学院学报》2012 年第 2 期。

道光《新平县志》卷六《土司·种人附》说："黑普，性类夷，怕见汉人，形容最黑，不应赋役。"

雍正《云南通志》卷二十四说："黑濮，所居多在威远、普洱江界之间，其人多黑色。男女皆徒跣，不勤洗涤，语言稍似西番。耕山力穑，颇知纺织，多作竹器入市交易。男子剃发为辫，短衣着袴，善操弩矢。女子单衣仅长尺，前不扣合，以彩布为桶裙，其裙蒙乳以至下体，又用五色烧珠与海贝排串为饰，束于脐下，两耳穿孔，环以银铜锡。婚聘惟以牛银，丧服白布，葬即除之。其丧皆用木槽。"

道光《普洱府志》卷十八《土司·种人》说："黑濮，宁洱有之。居在江界之间。其人多黑色。男女皆徒跣，不勤洗涤，言语稍似西番，耕山力穑，颇知纺织，多作竹器入市交易。男短衣着裤，女单衣仅长尺，前不扣合，以彩布为桶裙。"

道光《云南通志稿》卷一百八十三记载："黑铺，元江有之，其俗与阿泥同，而言语微异。性巧慧，善作宫室，编竹为器，一切床几桌凳，备极精巧，汉人莫能及。男多黧黑，女微白，上下相接皆有礼。畜养山羊，不食羊肉，夷中之最善者。"

可知元江一带的"黑铺"，在从事农业和纺织手工业的同时，制作竹器的手工业发展最为突出。这些竹器大部分作为商品"入市交易"。

近代哈尼族中仍有一部分称为"黑铺"，散居于思茅地区和元江、新平一带，与清代记录基本相符。如今居住在大小"黑铺"村子的是哈尼族支系"堕塔"人，原居住在此地的大小"黑铺"人或迁徙或融合到"堕塔"人之中了，大小黑铺的地名因曾经有"黑铺"人居住而得名。①

① 白仲和：《元江彝语地名探讨》，2009年2月6日，彝族人网（www.yizuren.com/yistudy/tygzykc/20370.html）。

拇 鸡

原文

蓬头椎髻，标以鸡羽，形貌丑恶，妇女尤甚，挽髻如角向前，衣文绣，短不过腹，项垂缨络饰其胸。迁徙无常，居多竹屋，耕山食荞，暇则射猎捕食猿狙。佩利刃，负强弩毒矢，伺隙剽窃，性狠恶，父子兄弟，怒则相杀。多居宁州及王弄山。

考释

“拇鸡”又作“牳鸡”“獁鸡”，得名之由已不详，或以其男子头上“标以鸡羽”之故，此称呼后为“拇鸡”内部所接受。其分布上的变化情况与“朴剌”相类似，清代主要居于临安府境内的山区，并散及周围更广泛的地区。

乾隆《滇黔志略》卷十五《云南·种人》记述：“牳鸡，其先隶东爨部落，今临安、开化二府有此种。在宁州、王弄山者形貌丑恶，在蒙自者性类兽，侏离卉服，居多负险。其居处迁徙无常，多构造竹屋。男子蓬头椎髻，标以鸡羽。妇女衣文绣，短不过腹，腰系长裙，项垂缨络。好啖生物，不择美恶。俗好斗，性似愚而黠，佩刀负弩，伺隙剽窃。卜以鸡骨，许则行，否则止。”

临安府有“拇鸡”。雍正《临安府志》卷七《风俗·附种人》说：“獁鸡，性如桀兽，居必负险，出入挟弓弩。卧无被席，用牛皮为褥，四季拥炉以度长夜。小隙则数年必报，大德若忘。好斗轻生，不通汉语，刀耕火种为食。”

康熙《蒙自县志》卷三《土官・附彝俗》说:“猓鸡,性如桀兽,居必负险,出入挟弓弩。室无被褥,以牛皮为裀,四季拥炉以度长夜。小隙则数世必报,大德若忘。好战轻生。种荞以食。”临安府境内的“拇鸡”以蒙自县为多。

雍正《阿迷州志》卷十一《种人》说:“猓鸡,蓬首椎髻,标以鸡羽,形貌丑恶,妇女尤甚,挽髻如角向前,衣文绣,短不过腹,项垂缨络饰其胸。迁徙无常,居多竹屋。耕山食荞,暇则射猎,捕食猿狙。佩利刃,负强弩毒矢,伺隙剽窃,性狠恶,虽父子兄弟,怒则相攻。蒙自昔受其害。今阿迷亦有之,然其恶亦渐化矣。”

道光《云南通志稿》卷一百八十三引《皇清职贡图》记载:“牳鸡,其先隶东爨部落,元时随诸蛮归顺,临安、开化二府皆有此种。在宁州、王弄山者形貌狞恶,在蒙自者侏离卉服,皆辖于流官。居多负险,以竹为屋,迁徙无常。男子椎髻插鸡羽,短衣跣足。妇女项垂缨络,短衣长裙,缘以锦绣。俗好斗,性愚而诈,佩刀负弩,捕生物即食。有占卜,用鸡骨。耕山种荞,输税。”此处提到的母鸡皆辖于流官,即清代已纳入朝廷的治理范围内,并按时纳税。

东川府有“猓鸡”。乾隆《东川府志》卷八《户口・附种人》说:“‘母鸡’,一作‘猓鸡’,崔志作‘鲁机’,本一姓名。初自嵩明州迁东川,居鲁机村,有赵、李、杨三姓,至今子孙繁盛。”此处提到东川府的“母鸡”是从嵩明州迁来的,因居于鲁机村,故称作“鲁机”,汉族将其讹写为“母鸡”,“母鸡”是“鲁机”的讹音。

开化府有“拇鸡”。乾隆《开化府志》卷九《风俗・种人》说:“黑猓鸡,性如桀兽,居必负险,出入挟弓弩,带左铺。卧以牛皮,四季拥炉以度长夜。小隙则数世必报,大德若忘。种荞为食。多居王弄、安南二里。”“拇鸡”因内部发展上的差异而被区分为“黑拇鸡”和“白拇鸡”。从经济生活上看,“黑拇鸡”的发展更加落后一些。主要以射猎为生,耕种山地,以荞麦为食。

“白㑩鸡,朴直小心,不能受屈。种旱稻、杂粮、棉花等物。居瘴地,衣服自为织染,饮食更属淡薄。婚不用媒,财礼以牛,多至五六条者,但可陆续办交,贫者世代索取。丧不用棺,无论山坡,俱横葬。”开化府境内的“㑩鸡”,主要聚居于开化府属西南地区,且与“朴剌”广泛杂居。

广西直隶州有“㑩鸡”。道光《云南通志稿》卷一百八十三引《伯麟图说》记载:“性劲。男子蓬首;女衣绣,长不过腹。耕山好猎,于隙地植木棉,花累累如桃。广西州属有之。”

至清朝中期时,“㑩鸡”的人口已向北扩散及于滇东的广西直隶州。在这一扩散过程中,清代记录中广西州的“㑩鸡”已消失,当融合入同区域的其他部分彝族之中。“㑩鸡”的语言与“朴剌”有二分之一相同,这是长期与之接近的结果。

近代彝族中有部分人口仍自称“母鸡”“母机”,分布在滇东南地区,居于蒙自、个旧、马关、文山、河口、金平、开远、建水、石屏、峨山一带,与明、清史载“㑩鸡”的分布基本相同。

么　些

原文

即《唐书》所称“么些蛮”。今丽江之夷总称“么些”，而永北、禄丰皆有其类。俗不颒泽，自古已然。男子以绳缠头，耳带绿珠，妇人布冠，好畜牛羊，勇厉，善骑射，挟短刀，少不如意，鸣钲鼓相仇杀，妇女投场和解乃罢。俗俭约，饮食疏薄，岁暮竞杀牛羊相邀，请一客不至则为深耻。正月五日登山祭天，人死以竹箦舁至山下，无贵贱皆焚之。

考释

清代称纳西族为“么些”或“么些蛮”“摩些”，居住在丽江、维西、中甸、鹤庆、永胜等县，后来其分布范围略有扩大，部分“么些”人口从北胜南迁到大姚北部一带。

丽江府有“么些”。乾隆《滇黔志略》卷十五《云南·种人》记述：“么些，汉么些蛮苗裔。祖长泥月乌逐吐蕃，遂居丽江，后强盛。在唐时，据昆州、绛县、西宁。宋据绛县，为步雄部；又分为罗伽部，据新兴，为休制部。是时么些蛮错据丽江，段氏不能制。元世祖由吐蕃讨平之，始设丽江路宣慰司。明初入贡，授土知府。今丽江、鹤庆二府有此种，亦有游泮登科者。性情淳朴，语带鸟音。男子衣冠悉从汉仪。妇女发结高髻，戴黑漆帽，耳坠大环，短衣长裙，覆以羊皮。”

乾隆《丽江府志略》上卷《官师略·种人附》条：“即《唐书》

所称‘么些蛮’。性轻捷、柔懦、儇慧、相高，俗不頮泽，语带鸟音，安分畏法。务耕种，畜牛羊。善劲弩骑射，勤俭治生，饮食疏薄，虽馈遗不过麦酒、束脯。夷习：男子头绾二髻，旁剃其发，名三搭头，耳坠绿珠，腰挟短刀，膝下缠以毡片，四时着羊裘，妇人结高髻于顶前，戴尖帽，耳坠大环，服短衣，拖长裙，覆羊皮，缀饰锦绣金珠相夸耀。今则渐染华风，服食渐同汉制，相传其先有哥来秋者，生四子，分束、叶、买、禾四支，束叶二氏居府治，即木氏之前为土司名‘叶古年’者是也。买禾二氏，多居山外江边。明洪武初，赐土官姓木后，惟承袭及同堂舍人，木姓三世以降姓阿，五世以降姓和，即流寓入籍者，必改姓和，故今里民和姓居多，自设流官以后，渐复本姓。”

又道光《云南通志稿》卷一百八十四引《皇清职贡图》记载：“么些蛮，宋时其长蒙醋据丽江，元初平之，置茶罕章宣慰司，明以木氏为土知府，丽江、鹤庆二府皆有之。居处与齐民相杂，性淳朴，语多鴂舌。男子薙发，戴毡帽，着大领布衣，披羊皮，其读书入学者，衣冠悉同士子。妇女高髻，戴漆帽，耳缀大环，短衣长裙，力作勤苦。俗以正月五日登山祭神。土宜荞稗，岁输粮赋。”

维西有“么些”。清人余庆远《维西闻见录》记载：“么些，即《唐书》所载‘么些兵’是也。元籍丽江。明土知府木氏攻取吐蕃六村、康普、叶枝、其宗、喇普地，屠其民，徙么些戍之。后渐蕃衍，倚山而居，覆板为屋，檐仅容人。自建设以来（按，雍正六年筑维西城，设维西通判治其地），男皆剃头辫发不冠，多以青布缠头，衣盘领白襴，不袭不裹，绵布裤不掩膝。妇髻向前，顶束布勒若菱角，耳环粗如藤，缀如龙眼果，铜银为之。视家贫富，衣白褐青缘，及腰为度，以裙为裳，盖膝为度，不着裤，裹臁肕以花布带束之，女红之类皆不能习。男妇老幼率喜佩刀为饰，不爱頮泽，衣至敝不浣，数日不沐，经年不浴。冬不重衣，雪亦跣足，严寒则覆背以羊皮，或以白毡，近年间有着履屦鞴者。头目效华人衣冠，而妇妆不改，裙长及胫，亦其旧制，以别齐民也。多畜牛马羊及琵琶猪为富，头目倍畜之，冬日屠豕去骨足，腌令如琵琶形，故云。二三百户或百余户或数十户一头目，建设时，地大户繁者为土千总把，为头人，次为乡约，次为火头，皆各子其民，子继弟及，世守莫易，称为'木瓜'，犹华言'官'也，对之称为'那哈'，犹华言'主'也。所属么些见皆跪拜，奉物及对则屈一膝，讼亦赴愬。有不率，头目鞭笞之。农时助头目工三日，谷将熟，取其青者蒸而舂脱粟，曰'扁米'，家献二三升，腊奉鸡米，元日头目以酒饭劳之。火头见头人、土官，则拜而侍坐。火头又头人之所属也。宾主为礼，俯首以手抚胸，久不见及节序则交拜。父母在，子有往旬日，必告必面，出返必拜。俎高一尺，铺毡踞坐，贫者以席以草茵。延客肴不过三，酒一盂，馂余客携去。卧无衾茵，夜则攒薪置火，各携席稿，袒裸环睡，反侧而烘其腹背，虽盛夏亦然。富能备衾枕毡褥之类，而亦置火于侧，露其上身烘之。有字迹，专象形，人则图人，物则图物，以为书契。无姓氏，以祖名末一字、父名末一字加一字为名，递承而下，以志亲疏。娶以牛羊为聘，头目家并用马，均至十数。人死无丧服，棺以竹席为底，尽悬死者衣于柩侧，而陈设所有琵琶猪。头目家丧则屠羊豕，所属么些吊皆饭之。死无论贵贱，三日后舁至山，厝薪灌酥焚而弃其骨，取炭一寸瘗之，每六月五日则祭于瘗炭所，迎神于家，炙小豕祭焉，三年后不复祭。其人悉性惰而淫，敬佛信鬼而不善于治生，然朴愚易治。河干山麓可耕之土多而不垦，蔬圃果木之利不兴，喜猎而爱犬，犬易三犊。闲则歌男女相悦之词，曰'阿舍子词'，悉比体，音商以衰，彼此唱和，往往奔合于山涧深林中。喇嘛之长至，则头目率下少长男女礼拜，视家所有布施，家贫，虽釜俎之属取以奉之。西藏大喇嘛至,礼拜布施益甚,得其片楮只字,以数十金计,贫者得其粪溲奉之家中佛龛,焚香而拜,或伏于道左,俟其过,举其马尾以试目,谓可却疾。头目有二三子,必以一子为喇嘛,归则踞坐中庭,父若母皆拜。病不医药,延其巫曰'多巴'禳祝,皆竭赀以酬。谷麦未熟,以半值预售其半,及熟,则治衣酿酒,不计餐,坐食之,麦秋一月而饥,西成三月而饥,蔬食菜羹并日而食,习以为常而莫之改也。自设流官以来,俱极恭顺畏法,读书识文字者多有之,补弟子员者四人,中试武举者一人。"

北胜州、蒗蕖州、永宁土知府有"么些"。据乾隆《永北府志》卷二十五《土司·种人彝俗附》"北胜州土州同所属夷人种类"条:"么麽一种,附近城池,其性淳朴。男女悉以棉布、麻布为衣,种荞稗以资生,卖枋板以为业。男女婚配必通媒妁,殁后火化收骨掩埋。"

同书同卷"蒗蕖州土舍所属夷人种类"条:"么麽一种,无姓氏,任意立名。其性稍淳,听约束,通汉语。披发左衽,赤足,穿耳贯环。婚姻听从父母,止用牛羊猪酒聘娶。殁后剜木为棺焚化,弃骸不行掩埋。以种荞稗为食,披毡毯为衣。男人绞索,女人绩麻,此外别无生计。"

同书同卷"永宁土知府所属夷人种类"条:"么麽一种,无姓氏,零星散处,近田居住,以板覆屋,披发左衽,穿耳贯环。婚姻听从父母之命,以牛羊酒食聘娶。殁后剜木为棺,焚化掩埋,不立坟冢。凡遇过年令节,以松枝置屋上祭祀,备祝先世所为事迹,以示后辈知所源流。食荞稗,披毡毯。绞索绩麻,而外别无生计。"

大姚县有"么些"。据道光《大姚县志》卷七《种人志》记载:"摩歨,男薙头辫发,妇人戴毡笠,衣与僰人同,耳带大铜环,出入佩刀,近日其种亦少。前明铁锁箐皆此种夷人,标枪弩矢极利。北界喇茨一带有之。”

清朝雍正二年(1724),丽江土府改流后,木氏封建领主的统治被取消,封建领主经济解体,封建地主经济确立。纳西族中的农奴转化为受本民族和汉族中的地主阶级剥削的农民和佃户,政治上则直接受流官的统治。大部分纳西族地区社会经济的发展又向前迈进了一步,更趋于与汉族相接近。即无论生产力、生产关系、生活方式等方面都与内地汉族更为接近。然而,在丽江西北部的维西及其附近地区的纳西族中,仍然保留着比较落后的封建领主制。及至雍正七年(1729),维西在形式上已改土归流,但地主经济在这一带的纳西族中并没有发展起来,原来的军事头目仍领有其领地和农奴兵。清朝加封他们土千总、土把总等职衔,让他们仍旧“各皆子其民,子继弟及,世守莫易”。维西一带的纳西族封建领主仍然占有土地和农奴,而农奴在经济上和人格上都受制于封建领主。纳西族中的小封建领主自称“木瓜”——“犹华言‘官’也”;农奴则称他们为“那哈”——“犹华言‘主’也”。农奴每年要向主人贡纳谷米鸡酒,并在主人领有的土地上无偿服一定数量的劳役。农奴见到主人要跪拜,主人对农奴可以任意鞭笞。又在永北(永胜)、蒗蕖、永宁(今宁蒗)一带的部分纳西族,生产、生活都较维西的部分更为落后。他们中的一部分“种荞稗以资生”,农业生产技术水平低下;“男人绞索,女人织麻”,纺织手工业也很简单。另一部分甚至一直从事流动性的农业、畜牧业、渔业生产,他们流动到一个地方之后,用树皮盖起简陋的小屋,在山上播种荞麦,收割后便迁走。“取鱼则垂藤,人附以入江”,“畜牛一二头,即称极富”。有的是在保持自己的氏族、村社组织的情况下,从事不完全定居的生产和生活,接受附近土官的统治;有的则见到官吏便“避迹无影”,无论是土官还是流官都无法对他们进行统治。

丽江纳西族改土归流以后,丽江一带的土地自由买卖和地主经济得到了发展。在农业上,农田水利有了进一步发展。七河地区的农民修建了五村渠,修筑了九河、永北羊坪河水坝和永春堤,治理了这些地区的水患,并修渠引水灌溉,促进了农业生产的发展。手工业方面,麻纺织业有了很大发展。在道光二十二年(1842)出现了麻纺织作坊。据道光《云南通志稿》卷三十《地理志五》丽江府《风俗》说:丽江"妇女初习纺织,近日府城内外,各设立机坊,竞相师法,纺绩之声,延而渐广。又从前城乡妇女服饰殊异,奢而非制。嘉庆二十四年,署知府王厚庆曲为化导,簪环服饰,悉遵体制,焕然改观矣"。纺织业除部分依赖家庭纺织外,还出现了专业的机织作坊。在丽江城里,便拥有木织机七百架。[①] 在商业上也有发展,清初丽江地区形成了四个著名的街子(集市),[②] 有固定的街期(农历每月初二、十六),每逢街期异常热闹,摆摊设点的很多,附近各族人民都来赶集交易,成为商业集贸的中心。

清雍正二年丽江土府改流后,汉文化的影响日渐深入,纳西族的社会文化、生活习俗更趋于与汉族相接近。乾隆《丽江府志略》上卷《官师略·种人附》说:"么些,语带鸟音,安分畏法。务耕种,畜牛羊。善劲弩骑射,勤俭治生。……今则渐染华风,服食渐同汉制。"在文化上,《皇清职贡图》卷七"丽江等府么些蛮妇"说:"么些,今丽江、鹤庆二府皆有之。居处与齐民相杂,性淳朴,语多鸩舌。……其读书入学者,衣冠悉同士子。"在生活习俗方面,农牧

① 本书编写组:《纳西族简史》,云南人民出版社,1984年,第74页。

② 清初丽江据说有四个街子:共本支、衣古支、拉沙支、路古支。共本支、衣古支可能就在今丽江古城,拉沙支在今黄山哨坡脚,路古支在今古城南面。(见《民族问题五种丛书》云南省编辑委员会编:《纳西族社会历史调查》,云南民族出版社,1983年,第27页。)

兼营的生活方式逐渐为汉族男耕女织的方式所取代。雍正《云南通志》卷二十四《土司·附种人》说:在改土归流前纳西族的情况是“妇人布冠,好畜牛羊。勇厉,善骑射”。乾隆《丽江府志略》下卷《礼俗略·风俗》也说“夷民不习纺织,男女皆刀耕火种,力作最苦”。改土归流后,地方官员大力倡导男耕女织,这种分工模式也得以在丽江纳西族中推行,纳西妇女也学会了纺织技术。

在维西地区,虽然清代在这一地区也设置了流官,但地主经济在这一带的“么些”中并没有发展起来,因而与丽江一带相比仍然有差距,不仅在社会经济形态方面不同,表现在文化方面,丽江一带受汉族文化的影响较深,本民族文字不复见于推广使用,而维西一带则除少数人习用汉文之外,“么些”文(东巴文)仍然在推广使用之中。

力　些

原文

迤西皆有之，在大理、维西名“栗粟”，在姚安名“猓獭”，有生、熟二种。男囚首跣足，衣麻布，披毡衫，以毳为带束其腰，妇人裹白麻布，善用弩，发无虚矢，每令其妇负小木盾径三四寸者前行，自后发弩，中盾而妇无伤。

考释

“力些”即“栗粟”，或写作“栗些”“猓獭”。是今天傈僳族的先民，与彝族同为氐羌系统民族，是“乌蛮”的同源异流民族，其先民最早生活在金沙江流域，16世纪以后开始迁入怒江、丽江、德宏等地，其分布范围有所扩大，部分傈僳人口从北胜一带迁至姚安、大姚等地，又从姚安、大姚往东散及元谋、禄劝一带，亦有部分傈僳人口自丽江府和大理府西部迁至永昌、腾越一带。

乾隆《滇黔志略》卷十五《云南·种人》记述：“栗粟，散入姚安、丽江、大理、永昌四府。在诸夷中性最凶悍。善用弩，发无虚矢，每令其妇负小盾径三四寸者前行，自后发弩，中其盾，妇无伤。以劫杀为生，登山陟石，捷如猿猱。居处依岩树，迁徙无常。栗粟依山负谷，射猎为生，长刀毒弩，日不离身。祭赛，则张松棚燃炬，剥獐、鹿诸兽而食。亦事耕种，饶黍、稷、荞、稗。骨肉有隙，辄相仇杀。”

清檀萃撰《滇海虞衡志》卷十三《志蛮》记述：“力些，一名

‘猓苏’，一名‘栗粟’，一名‘傈㑩’，有生熟二种。囚首跣足，麻衣毡衫，毳带束腰。妇女裹白麻布，善弩，发无虚矢。每令其妇负小木盾径三四寸者前行，自后发弩，中其盾而妇无伤，以此制服西番。余记：喜居绝顶，收获酿，饮数日尽之，以猎为食。刚狠好杀，夷中最劣。现在维西跳梁者即是此种。”

乾隆《云南通志》卷二十四《土司·附种人》记述：“力些，迤西皆有之。在大理名‘栗粟’，在姚安名‘傈㑩’。有生熟二种。男囚首跣足，衣麻布衣。披毡衫，以毳为带束其腰。妇女裹白麻布。善用弩，发无虚矢，每令其妇负小木盾径三四寸者前行，自后发弩，中其盾而妇无伤。以此制服西番。”

丽江府有“栗粟”。乾隆《丽江府志略》上卷《官师略·附种人》描述：“傈㑩，有生、熟二种。岩居穴处，或架木为巢。囚首跣足，高鼻深眼。身着麻布，披毡衫。猎取禽兽为食，居无定所，食尽即迁。佩弩带刀，虽寝息不离，性凶暴嗜酒，一语不投，即持刀相向，俗好仇杀。近惟居澜沧江边者称为‘熟傈’。”

维西有“栗粟”。清人余庆远《维西闻见录》对傈僳族性情的描述较为具体：“栗粟，近城四山康普、弓笼、奔子阑皆有之。男挽髻戴簪，编麦草为缨络，缀于发间，黄铜勒束额，耳带铜环。优人依旧，则改削而售其富者衣之。常衣杂以麻布、棉布、织皮，色尚黑，裤及膝，衣齐裤，膁裹白布，出入常佩利刃。妇挽发束箍，耳戴大环，盘领衣，系裙曳裤。男女常跣。喜居悬崖绝顶，垦山而种地，瘠则去之，迁徙不常。刈获则多酿为酒，昼夜酖酣，数日尽之。粒食罄，遂执劲弩药矢以猎。登危峰石壁，疾走如狡兔，妇从之亦然。获禽兽或烹或炙，对坐共食。虽猿猴亦炙食，烹俟水一沸即食。不尽无归餍，复采草根木皮食之。采山中草木为和合药，男女相悦，暗投其衣，遂奔而从，跬步不离。婚以牛聘，丧则弃尸，不敬佛而信鬼。借贷刻木为契，负约则延巫祝，置膏于釜，烈火熬沸对誓，置手膏内，不沃烂者为受诬；失物令巫卜其人，亦以此法明焉。触忿则弩刃俱发，着毒矢处肉，辄自执刀剜去。性刚狠嗜杀，然么些头目土官能治之，年奉头目麦黍共五升，新春必率而拜焉。栗粟种类，在滇省各夷中为最劣，维西者杂处于各夷中，而受治于么些长，犹较驯顺。”此处提及维西“栗粟”与“么些”的关系是受治于后者。

兰坪、云龙一带有“栗粟”。康熙《大理府志》卷十二云龙州《风俗》：“栗粟，于诸彝中最悍。依山负谷，射猎为生，长刀毒弩，日不离身。祭赛则张松棚燃炬，剥獐鹿诸兽而已。亦事耕种，饶黍稷荞稗。骨肉有隙，辄相仇杀。颇为行旅患。近稍向化矣。”

雍正《云龙州志》卷五《风俗·附种人》：“傈僳，于诸彝中最悍。不栉不沐，语亦与诸彝别。处兰州界连云龙，依山负谷，射猎为生，利刀毒矢，日夜不离身，弋兽即生食。间事耕种，惟荞稗。祭赛则张松棚燃炬，剥獐鹿诸兽。骨肉有隙，辄相仇杀。散于麸子寨、瓦窑场、马椒甸、鸡踪洞之间，不时伺隙劫掠行旅，抢夺牛羊，大为归化、师（井）、顺（井）之患。康熙五十三年，知州王溶通详上宪，着落兰州土舍拿解法究，后始知法纪，近今敛迹。”描述了“栗粟”居无定所、游猎为生、强悍好斗的生活习性。

姚安、大姚等地有“栗粟”。雍正《云南通志》卷二十四记载：“力些，迤西皆有之，在大理名‘栗粟’，在姚安名‘傈㗭’，有生、熟二种。男囚首跣足，衣麻布衣，披毡衫，以毳为带束其腰，妇女裹白麻布。善用弩，发无虚矢，每令其妇负小木盾径三四寸者前行，自后发弩，中其盾而妇无伤，以此制服西番。”

道光《大姚县志》卷七《种人志》说：“傈㗭，即力些，性犷悍。不通汉语，男蓬头垢面，袒胸跣足，衣麻布直撒衣，披以毡衫，以毳为带束其腰。妇女裹白麻布衣。善用弩，矢不虚发，每令其妇负小木盾径三四寸者前行，自后发弩，中其盾而妇无伤。北界丙海、班别一带有之。"

元谋、禄劝一带有"栗粟"。康熙《武定府志》卷一《风俗》记载："猓苏，潜居深山，板片为屋，种荞稗为食。"

永昌、腾越一带有"栗粟"。道光《云南通志稿》卷一百八十四引《皇清职贡图》记载："猓猓，相传楚庄蹻开滇时便有此种。无部落，散居姚安、[丽江]、大理、永昌四府。其居六库山谷者（按，六库山在今泸水，时属云龙州），在诸夷中为最悍，其居赤石崖、金江边地与永江连界者，依树木岩穴，迁徙无常。"

光绪《永昌府志》卷五十七《种人》："猓猓，居高山极冷之地，与崩龙稍异。善使弩，发无虚矢，其箭有毒，中之即死。种火麻以为衣，猎野兽以为食。有夷话，无夷字。凡江外（按，怒江之外，即今保山西部、龙陵、腾冲一带）深山之间皆有。"

光绪《腾越厅志》卷十五《诸夷志·种人》记载："猓猓，《通志》：相传楚庄跻开滇时便有此种。无部落，散居姚安、[丽江]、大理、永昌四府。其居六库山谷者，在诸夷中为最悍，其居赤石崖（在宾川北部）、金江边地与永北（今永胜）连界者，依树木岩穴，迁徙无常。男人裹头，衣麻布，披毡衫，佩短刀，善用弩，发无虚矢，妇女短衣长裙，跣足，负竹筐出入，种荞稗，随地输赋。"

"栗粟"主要居住在金沙江、澜沧江两岸的半山区和高寒山区，其中又以维西中部、南部及中甸的江边地区最为集中，散居在姚安、大理、丽江、永昌等地，各地社会、经济和文化发展状况不同，被区分为"熟力些"与"生力些"二种，前者居澜沧江以东，后者大多在澜沧江以西。"栗粟"在维西地区的发展最为显著，至清中叶，已有"家栗粟"和"野栗粟"之分（也称为"熟栗粟"和"生栗粟"）。居于澜沧江以东、维西至丽江一带的部分，由于与汉、白、纳西等较先进民族接触较多，经济、文化发展较快，社会进步，已开始向定居农业发展，逐渐摆脱其原始状态，而被称为“熟栗粟”。居于澜沧江以西地带的部分，则长期居于封闭的山区，相对较为落后，仍保持原始的刀耕火种，狩猎与迁徙不定，而被称为“生栗粟”。这种状况，一直延续到近代。

清初以后，大部分“栗粟”地区的农业生产有了一定程度的发展，但仍然是“刀耕火种”，作物只有黍、稷、荞、稗等山区旱地作物，狩猎还是经济生活中的重要部分。这一时期，他们中的一部分移入中甸的金沙江边山区。到清中叶，傈僳族已发展成为维西地区的主体民族，同时随着人口的增长而迁入怒江、保山和腾冲地区。

土　人

原文

在武定境，男衣絮袄，腰束皮索，饥则紧缚之，系刀弩；妇披羊皮毡毳，婚以牛羊为聘，新妇披发见姑舅，性刚烈，不能华言。有争者，煮沸汤，投物以手捉之，屈则糜烂，直者无恙。耕田弋山，入城交易。

考释

“土人”本为清代对壮族的一种称呼，但此条中的“土人”系指清代“罗婺”（彝族）人中的一部分，而非今壮族的支系。清朝时期居住在武定府境内，其中居住在武定府城市的部分，清朝时期已逐渐吸收了汉族文化。散居在各地农村的大部分，则长期保留其原来的生活习俗。

道光《云南通志稿》卷一百八十四记载：“土人，在武定府境，男衣絮袄，腰束皮索，饥则紧缚之，系刀弩。妇披羊皮毡毳，姻亲以牛羊刀甲为聘，新妇披发见姑舅。性刚劣，不能华言。有争者告天，煮沸汤，投物以手捉之，屈则糜烂，直者无恙。耕田弋山，寅午戌日入城交易。”

此条中的“土人”清代居住在武定府境内，男子身穿棉袄，腰束皮带，饥饿时则勒紧肚子，腰带上系有刀弩。妇女身披羊皮毡毳，婚姻则以牛羊、刀甲为聘礼，新娘披发见姑舅。性情刚烈，不会说汉话。有争讼时则向上天祷告，并烧开一锅水，往开水里投放异物,让争讼双方伸手到开水里取出,理曲者则手糜烂,理直者则手无恙。耕山种田,每逢寅午戌日入城交易。

清代“土人”中的一部分与汉文化接触较少,不通汉语,争诉靠神明决断。婚聘之礼也用牛羊,但加上了刀甲,且有新娘见舅姑时要披头散发的习俗。

土 獠

原文

其属本在蜀、黔、西粤之交,流入滇,亦处处有之,而石屏、嶍峨、路南较多。男子首裹青帨,服白麻衣,领上缀红布一方,妇人冠红巾,衣花绣,性悍戾。在嶍峨者樵苏自给;在路南者为人佃种,屋庐与僰人同;在新兴者,居西山之麓,服食婚丧习同白猡,以孟冬朔日为岁首。

考释

"土獠"又名"土老""土佬""山子",是聚居在广西和云南文山、广南、砚山等县的古老居民,早在汉晋时已有。元、明以前,在今广南、富宁与广西西部连接一带,"獠人"被称为"花角蛮"或"山獠",清代以后,"山獠"被分别称为"黑土獠""白土獠""花土獠"等。之所以称为"土獠",是因为他们自称为"土人"或"土族",意为最先居住在这里的人。这一时期,在滇东北、滇东、滇东南地区,有一部分壮族较多地保留了"獠人"的特点,遂被称为"土獠"。"土獠"来源于獠人,为滇东南土著,与广西僚人同种,今广西为壮族,贵州为布依族,云南文山为壮族。

乾隆《滇黔志略》卷十五《云南·种人》记述:"土獠,亦名'山子',临安、澄江、广西、广南、开化、昭通等府有其种。男子头裹青帨,常负竹笼,盛酒食入市贸易。妇女高髻红巾,花布短褐。生子置之水中,浮则养之,沉则弃之。祭则群相鼓噪,谓之'迓福'。"

由于“土獠”来源复杂,其分布亦相当广泛。据光绪《云南通志》卷二百〇一引《皇清职贡图》载:“土獠,一名‘土老’,亦名‘山子’,相传为鸠獠种,亦滇中乌蛮之一。从蜀、黔、粤西之交流入滇境,散居临安、徵江、广西、广南、开化、昭通等府,与齐民杂居。男子首裹青帨,着麻布衣,常负竹笼盛酒食入市贸易。妇女高髻红巾,缝花布方幅于短褐。其治生最勤。生子置水中,浮则养之,沉则弃之,今俗亦渐革矣。鼓噪而祭,谓之‘迓福’。其土宜杂粮,输租赋。”① 可知“土獠”分布于临安、徵江、广西、广南、开化、昭通等府的广大区域内,与汉族相杂居。清代“土獠”有“黑土獠”“白土獠”“花土獠”之分,以下分地区叙述之。

广南府的“土獠”。道光《广南府志》卷二《风俗·种人》:“花土獠,服尚青蓝,妇女衣花绣短褐,系桶裙。婚不亲迎送,嫁者携酒食以荐婿家祖先。自正月至二月击铜鼓跳舞为乐,谓之‘过小年’。”

“白土獠,性狡诈,重农力穑,卜居近水,以便耕作。十月朔为岁首。能习汉语。”近代广南、富宁二县的壮族中仍有“土佬”“土族”。

开化府的“土獠”。清代开化府是“土僚”聚居最多的地区,也分为“黑土獠”“白土獠”“花土獠”三种。据乾隆《开化府志》卷九《风俗·种人》:“黑土獠,喜种水田。男穿青衣褂,女上穿短衣,用五色碎布簇成四方锦于前后,与补相似,下穿青桶裙。婚丧亦近花土僚。送葬,女婿吹葫笙跳舞尸前。”

---

① 此条史料提到“土僚”为鸠僚种,是僚族之后,符合历史事实,但又说是“滇中乌蛮之一”则误,因为僚乃百越系统民族,而乌蛮为氐羌系统民族,二者不可相混。(见王文光、朱映占、赵永忠:《中国西南民族通史》,云南大学出版社,2015 年,第 383 页。)

“白土獠，性狡诈，重农力穑，卜居近水，以便耕作。（以）十月朔为岁首。习汉语。开化旧无此种，多自阿迷、蒙自流入。”

“花土獠，服尚青蓝，妇女衣花绣短褐，系桶裙。婚不亲迎送，嫁者携酒食以荐婿家祖先。自正月至二月击铜鼓跳舞为乐，谓之‘过小年’。”据此，“黑土獠”为开化府境内之原有居民；“白土獠”则“多自阿迷、蒙自流入”；“花土獠”系从广南府迁来。近代砚山、文山、西畴、麻栗坡、马关、河口等地的壮族中，仍有一部分“土佬”“土族”。

广西府的“土獠”。康熙《广西府志》卷十一《诸彝考》：“土獠，性亦柔，善耕，男子头载帕，着两截麻衣，穿鞋；女人戴红布一块，上穿颜色斗成衣，下穿绣边桶裙，着鞋，勤纺织，亦能担担。饮食言语习俗与白彝（按，即白夷，今傣族）同。”乾隆《广西府志》卷二十一《土司》载：“广西府有土獠，弥勒州有土獠十八寨。”

乾隆《弥勒州志》卷二十一《土司·附种人》：“土獠，类摆衣，性柔，言亦略同。多王姓、骆姓，近亦读书。男子头戴帽，着两截衣，穿鞋；女人戴青布一块，上穿颜色斗成衣，下穿绣边桶裙，着鞋，亦能挑担，勤纺织。饮食类摆衣。”近代邱北、泸西、师宗、弥勒、砚山等地仍居有较多壮族，但仍称“土老”者仅见于邱北，说明原来的“土獠”大部分已融合入同区域内的“沙人”“侬人”之中。

昭通府的“土獠”。乾隆《镇雄州志》卷三《风俗·夷俗附》：“土獠，语言衣服皆仿汉人。构楼而居，去地三四尺，畜牛羊各牲于下。酷嗜犬肉，农隙，广编筛箕入村落易之，非令节佳辰，不轻宰杀。祀神于中霤，或在室隅，云以邀福。性颇悍戾。有余，多健讼；不足，多行窃。去苗子远矣。”近代镇雄县仍然有一部分壮族人口，包括过去的“土獠”和“沙兔”在内。

临安府的“土獠”。据雍正《临安府志》卷七《风俗·附种人》：

“土獠,以十月朔为岁首。性狡诈,能习汉语。治生最勤,五更即赴山取柴,白昼耕种。人多富足,渐知读书,间有游泮者。”这部分土獠多居于临安府北部靠近腹地之各州、县,受汉族的影响较大,经济、文化水平比其他地区的“土獠”先进。

道光《云南通志稿》卷一百八十四引《伯麟图说》记载:“性率直,男子衣布,女服彩,或樵或佃,俗与白猓猡略同,临安府及他郡州有之。”

临安府属靠内各州、县的土僚情况如下:

阿迷州的“土獠”。据康熙《阿迷州志》卷十一《土司·种人附》:“土獠,言语服食近汉。泽居水耕,气质椎鲁,尚勤俭。男女衣饰略同。”

嘉庆《阿迷州志》卷六《风俗·附种人》:“土獠,本在蜀、黔、粤西之交,流入滇,阿迷亦有之。言语服食近汉。”近代开远一带仍有不少壮族人口。

蒙自县的“土獠”。康熙《蒙自县志》卷三《土官·附彝俗》:“土獠,性狡而诈,重农力穑,卜居近水,以便农作。以十月朔为岁首。习汉语。”

乾隆《蒙自县志》:“土獠,性狡而诈,重农力穑,卜居近水,以便农作。以十月朔日为岁首。习汉语。与猓猡间有通诗书、入庠序、领乡荐登仕籍者。”近代蒙自、个旧一带仍有不少壮族人口。

石屏州和嶍峨县的“土獠”。据道光《云南通志稿》卷一百八十四记载:“处处有之,而石屏、嶍峨、路南较多。男子首裹青帨,服白麻衣,领上缀红布一方,妇人冠红巾,衣花绣,性悍戾。在嶍峨者樵苏自给;路南者为人佃种,屋庐与僰人同;在新兴者,居西山之麓,服食婚丧习同白猡,以孟冬朔日为岁首。”近代峨山县已无壮族人口,仅石屏县还有很少的一部分。

临安府属红河南岸亦居有部分“土獠”。据嘉庆《临安府志》卷十八《亏容甸土司》:“辖种人三:土老,性勤,力樵自给。人多富足,渐慕华风,知向学。徙居郡属州、县间。”亏容甸土司在今红河县境内,而“郡属州、县”则指红河北岸靠内的各州、县。看来,嘉庆年间以前,临安府属红河南岸土司区尚有不少“土獠”,尔后“渐慕华风”,逐渐向北徙居靠近腹地的各州、县。近代红河南岸地区仍有一部分壮族人口,但多为“沙人”,已无原来“土獠”的后裔。

“土獠”一直不存在自己独立的经济区域或政治结构,在开化地区的受开化土司统治,在广南和广西府的受当地土司统治。此外,他们还受到中央王朝派至此地的流官统治。因而他们在相同的自然环境下,受到外部环境的影响,最终形成了内部的差异性。语言和风俗习惯则有的同傣族,有的更接近“侬人”,有的仿汉人,有的亦类彝族,受其他民族的影响较大。但总的来说,“土獠”的语言、生活习俗与“侬人”更为接近。

怒　人

原文

男子发用绳束，高七八寸；妇人结布于发，其俗大抵刚狠好杀，余与么些同，丽江有之。其在鹤庆府维西边外，过怒江十余日有野夷名“怒子”。自古不通中国，于本朝雍正八年相率到维西，将虎皮二十张、驴皮十张、麻布三十方、黄蜡八十斤充贡，愿永为年例。

考释

“怒人”即今怒族的先民。居住在贡山、福贡、碧江、兰坪、维西等县。清代关于“怒人”情况的记载较为具体，但主要记载的是怒江以东地区，即丽江府辖境内的“怒人”。据乾隆《丽江府志略》上卷《官师略·附种人》条说：“怒人，居怒江边，与澜沧江相近。男女十岁后，皆面刺龙凤花纹，见之令人骇异。男子发用绳束，高七八寸；妇人结麻布于腰。采黄连为生，茹毛饮血，好食虫鼠。其最远者名曰‘怒子’，言语不通。”

雍正《云南通志》卷二十四《土司·附种人》载：“怒人，男子发用绳束，高七八寸；妇人结布于发，其俗大抵刚狠好杀，余与么些同，丽江有之。”

乾隆《滇黔志略》卷十五《云南·种人》记述：“怒人，在维西澜沧江外数百里崇山峻岭，有江曰‘怒江’，环江皆怒人所居，故名。自古不通中国，本朝雍正八年，相率诣维西衙门，以羊皮、山驴皮、麻布、黄蜡等物充贡。男女皆用红藤勒头，以麻布裹身，不成衣制。

倚岩结草庐而居。男子捕禽兽,妇人刺面如绣,云不尔则为鬼夺。俗知敬长,凡进食尊辈,率跪以献。”

又据清人余庆远《维西见闻纪·夷人》记载:“怒子,居怒江内,界连康普、叶枝(均在今维西县北部、澜沧江东岸)、阿墩子(今德钦)之间,迤南地名罗麦基(今福贡县西北、怒江西部的勒麦敌多),接连缅甸,素好野夷。男女披发,面刺青纹,首勒红藤,麻布短衣。男着袴,女以裙,俱跣足。覆竹为屋,编竹为垣。谷产黍麦,蔬产薯、蕷及芋。猎禽兽以佐食,无盐、无马骡、无盗,路不拾遗,非御虎豹,外户可不扃。人精为竹器,织红文麻布,么些不远千里往购之。性怯而懦,其道路绝险,而常苦栗粟之侵凌而不能御也。雍正八年,闻我圣朝建设维西,相率到康普界,贡黄蜡八十斤、麻布十五丈、山驴皮十、麂皮二十,求纳为民,永为岁例。头人闻于别驾,别驾闻于上官,奏许之,犒以砂盐。官严谕头目,俱约其下,毋得侵凌。迩年其人以所产黄连入售内地,夷人亦多负盐至其地交易,人敬礼而膳之,不取值卫之出,自入贡以来,受约束,知法度,《省志》乃谓其刚狠好杀,过矣!”

清代以前对怒族的记载只提到“惟丽江有之”,对维西地区的怒族分布记载很不详细。余庆远则对维西怒族的分布作了详细记述,“怒子,居怒江内,界连康普、叶枝、阿墩子之间,迤南地名罗麦基,接连缅甸,素好野夷”。服饰方面,余庆远的记载更为具体,“男女披发,面刺青纹,首勒红藤,麻布短衣。男着袴,女以裙,俱跣足”。怒族居住地盛产竹子,他们便利用竹子建造自己的房屋,充分利用自然资源,“谷产黍麦,蔬产薯、蕷及芋”。但是,怒族地区缺乏食盐,他们只得挖掘黄连等换取。作为山区重要交通工具的马、骡在怒族地区也很缺乏,他们只能采取肩挑背驮的方式来运送货物。这里的人非常朴实,但却受到栗粟等族的欺凌。随着清朝在维西地区设官治理，这部分怒族逐渐被纳入清王朝的统治范围，而且随着清王朝统治的深入，怒族“受约束，知法度”，所以余庆远认为《省志》中“谓其刚狠好杀”的评价言过其实，不符合实际。

以上记载之“怒人”，为居于明、清丽江府及维西厅辖境内者，即居于怒江东部，今贡山、福贡、碧江、维西、兰坪境内的部分。这部分“怒人”在清朝时期与内地汉、“么些”等族接触较多，政治、经济、文化生活状况都有所改变，但原始社会的某些遗迹也仍然比较明显。至于居住在怒江以西的部分，则相对较为落后，但其生存状况亦为当时清朝的统治者所知晓。据雍正《云南通志》卷二十四记述：“怒人，……其在鹤庆府维西边外，过怒江十余日，有野夷名‘㺜子’。自古不通中国，于本朝雍正八年相率到维西，将虎皮二十张、山驴皮十张、麻布三十方、黄蜡八十斤充贡，愿永为年例。”其谓“过怒江十余日，有野夷名‘㺜子’”，即指居于怒江以东地带、直至缅甸克钦邦境内的“怒人”。除怒江东、西两岸地带居住有“怒人”外，尚有少部分“怒人”自丽江府西部向靠内地区移动，据道光《云南通志稿》卷一百八十四引《皇清职贡图》记载：“怒人，以怒江甸得名，明永乐间改为潞江长官司，其部落在维西边外，过怒江十余日，环江而居。本朝雍正八年归附，流入丽江、鹤庆境内，随二府土流兼辖，性猛悍，以弓矢射猎，男子编红藤勒首，披发，麻布短衣，红帛为袴而跣足，妇亦如之。常负筐持囊劚黄连，亦知耕种，以虎皮、麻布、黄蜡等物，由维西通判充贡。”

道光《云南通志稿》卷一百八十四记载：“男子发用绳束，高七八寸；妇人结布于发，其俗大抵刚狠好杀，余与么些同，丽江有之。其在鹤庆府维西边外，过怒江十余日，有野夷名‘㺜子’。”

看来向靠内地区移动，内迁至丽江、鹤庆一带的“怒人”只是少部分。这部分内迁的“怒人”，生产、生活的各个方面较之边疆部分稍有改变，但与同区域内的汉、“么些”等族相比，仍然比较落后。近代丽江、鹤庆县仍有少量怒族人口。明、清之“怒人”即近代怒族。从明、清史书记载来看，“怒人”的分布和生活习俗，与近代怒族相比，无大的区别。

十八世纪以来，怒族的农业和交换都有了发展。“怒子，居怒江内。谷产麦、黍，蔬产薯蓣及芋，猎禽兽以佐食。人精为竹器，织红文麻布，么些不远千里往购之。”(《维西见闻纪》)说明怒族已经是以农业生产为主了，狩猎已退居次要的地位。手工编织也发展起来，手工产品除自用外，剩余的还可用于交换。当时有怒族“精为竹器，织红文麻布”，丽江商人还深入到怒江的群山峡谷之间“不远千里往购之”。

扯　苏

原文

一名“车苏”，在楚雄、临安诸处，居于山巅，无陶瓦，木片覆屋。耕山种荞麦。皮覆布衣。器以木，摆锡为饰。新平亦有之。

考释

“扯苏”又名“车苏”“撒苏”，自称“车苏颇”。以其“居高山之山”，故又名“山苏”，为今彝族“山苏”支系。主要居住在峨山、新平、元江、双柏、广通等县。

康熙《嶍峨县志》卷二：“山苏，潜居深山，板片为屋，种荞稗为食。”

康熙《新平县志》卷二《新化风俗》：“车苏，性愚，居深山，垦山为田，种杂食，衣麻布。婚随自愿。”

康熙《元江府志》卷二：“山苏，居于山巅，无陶瓦，木片覆屋。耕山种荞麦。……又名曰‘扯苏’。”

乾隆《滇黔志略》卷十五《云南・种人》记述：“扯苏，朴陋似黑猓猡而性较强悍，亦爨蛮部落之别种，楚雄、普洱二府有之。相率射猎，亦与黑猓同。傍岩而居，以木片代陶瓦。俗以牛毛占晴雨。”

道光《云南通志稿》卷一百八十四记载：“扯苏，一名‘车苏’，在楚雄、临安诸处，居于山巅，无陶瓦，木片覆屋。耕山种荞麦。皮履布衣。器以木，摆锡为饰。新平亦有之。”

道光《新平县志》卷六《土司・种人附》载：“车苏，一名‘扯苏’。性愚，居于山巅，无陶瓦，木片覆屋，耕山种荞麦，皮覆布衣，器以木，摆锡为饰，婚随自愿。”

道光《云南通志稿》卷一百八十四引《皇清职贡图》记载：“扯苏，爨蛮部落之别种，朴陋似黑猡猡，而性较强悍，其归顺亦与黑猡猡同，今楚雄、普洱二府有此种。其居处多结板屋于山巅岩石间。男子束发裹头，着短衣，披羊皮，耕山输税；妇女短衣长裙，跣足，颇知纺绩。俗以牛毛占晴雨。”

道光《云南通志稿》卷一百八十四引《伯麟图说》记载：“性强，居岩谷中，猎食，能纺绩，奉法惟谨。”

据考证，“车苏”是汉、晋时期滇南一带“叟”族中的一部分，至唐、宋时期组合成马笼部（驻今新平县）。“苏”与“叟”同声。它是彝族中自称“车苏颇”的一部分。清朝时期，“车苏”中的大部分仍居于新化州、新平县境内。至清朝中期前后，他们中的一部分先后散及楚雄府、嶍峨县（今峨山）及元江府、普洱府的一些地方，而先后流徙出去的这部分也仍然习惯“居于山巅”，所以又被称为“山苏”。

近代彝族中有一部分自称为“撒苏”，是为彝族中的“车苏（山苏）”支系。汉族仍然称这部分彝族为“车苏”“山苏”。分布在新平、元江、峨山、武定等地。今双柏县的“车苏”相传由新平县迁入定居，民国时期的“车苏”人口约有 800 人。①

① 杨甫旺、杨杨：《楚雄彝族文化的源与流》，《楚雄师范学院学报》2016 年第 10 期。

山　苏

原文

在临安诸处，潜居深山，片板为屋，种荞稗为食。能制竹器入市易米。常持弩射禽炙食。种麻为衣，男子披发跣足，妇人挽髻蒙头。诸夷惟此种最善。

考释

见“上编　二十二种人考释”之“山苏”条考释。

侬 人

原文

其种在广南，习俗大略与僰夷同。其长为侬智高裔，部夷自号为“侬”。楼居，无椅凳，席地而坐，脱履梯下而后登。甘犬嗜鼠。妇人衣短衣长裙；男子首裹青花帨，衣粗布如絺，长技在铳，盖得之交趾者，刀盾枪甲寝处不离，日事战斗，王弄山、教化三部亦有之，盖广南之流也。

考释

见“上编　二十二种人考释”之“龙人”条考释。

沙 人

原文

习俗多同侬人，慓劲过之。在广西者属于陇氏，在富州者属于李氏、沈氏，维摩水下地辽阔，诸夷互争，以强力相兼并，又有青龙六诏者，狰狞尤甚。地产老杉，生悬崖千丈间，伐之多无全材，坚逾蜀产。罗平州亦有沙人，器用木，婚丧以牛为礼。

考释

见“上编　二十二种人考释”之“沙人”条考释。

蒲　人

原文

即“古百濮”,《周书》与微、卢、彭俱称“西人”,《春秋传》与巴、楚、邓并为南土,本在永昌西南徼外,讹“濮”为“蒲”,有因以名其地者,若蒲缥、蒲甘之类是也。男裹青红布于头,系青绿小条绳,多为贵,贱者则无,衣花套长衣,膝下系黑藤;妇人挽髻脑后,头带青绿珠,以花布围腰为裙,上系海贝十数围,系莎罗布于肩上,永昌、凤溪、施甸及十五喧二十八寨皆其种,勤耕种,徒跣登山,疾逾飞鸟,今渐弱而贫。其流入新兴、禄丰、阿迷、镇南者,形质纯黑,椎髻跣足,套头短衣,手带铜镯,耳环铜圈,带刀弩长牌,饰以丝漆,上插孔雀尾。妇女簪用骨,短裳缘彩,婚令女择配。葬用莎罗布裹尸而焚之。不知荷担,以竹篓负肩上。或傍水居,不畏深渊,能浮以渡。在蒙自及开化十八寨皆号“野蒲”,桀骜甚诸夷。在景东者,淳朴务农。在顺宁、沿澜沧江居者号“普蛮”,亦曰“朴子蛮”。性尤悍恶,专为盗贼,不鞍而骑,徒跣,短甲不蔽胫膝,驰突迅疾,善枪弩。男子以布二幅缝合,挂身无衿袂领缘,妇人织红黑布搭于右肩,结于左肋以蔽其胸,另以布一幅蔽腰。见人不知拜跪,寝无衾榻,拳曲而卧。

考释

见“上编　二十二种人考释”之“獛蛮”条考释。

古　宗

原文

一作“猓猔”，西番之别种。滇之西北与土蕃接壤，流入境内，丽江、鹤庆皆间有之。男子辫髻百缕，披垂前后，经年不栉浴，栉必以牲祭，披长毡，裳以牦牛尾或羊毛织之；妇人以青白磁珠与砗磲杂之悬于首。其食生肉、蔓菁、麦稗。

考释

清代云南境内的藏族自称“蕃”，为“吐蕃旧民也”，在汉文献中多称云南藏族为“古宗”，取名之由，不得而详。在迪庆藏区的纳西族称藏族为“古孜”，意为古代酋长所居之地。彝族称“俄祖”，意为土地的主人，并以为“俄祖”是川西、冕宁一带最早的居民，彝族是后来迁入的。清代云南藏族主要聚居于今迪庆州，即维西至德钦地带，少数散居于丽江、贡山、景东等地。

乾隆《滇黔志略》卷十五《云南・种人》记述：“古宗，其先为吐蕃部落，滇西北与吐蕃接壤，流入境内，鹤庆、丽江、景东三府有此种。春夏种青稞为业，秋冬则赶牛马为生。男子戴红缨黄皮帽，耳坠银环，身穿花氆氇，挂铜铃，腰系短刀盛袋，足着乌拉皮靴。妇女辫发，以珊瑚、绿松石为饰；俗相夸尚，有费百余金者，耳坠银环，身穿杂色布衣。其地五谷不生，所食以青稞成面，而以酥油熬茶调之，名曰‘糌粑’；熬牛乳而取其精液，曰‘酥油’。青稞类滇中燕麦，性耐寒，故夷人种之，以资日食。”

丽江、鹤庆的“古宗”。据道光《云南通志稿》卷一百八十四引《皇清职贡图》说：“古猔，乃西番别种。先为吐蕃部落，与滇西北接壤，流入鹤庆、丽江、景东三府，土流兼辖，与民杂居。男子戴红缨黄皮帽，耳缀银环，衣花褐，佩刀系囊，着皮靴。妇人辫发，以珊瑚银豆为饰，着五色布衣裙，披花褐于背，足履革靴。种青稞，牧牛马为生。颇知礼法，输赋惟谨。”

道光《云南通志稿》卷一百八十四又引《伯麟图说》：“经年不栉沐，披髭毲；妇人磁珠饰首，种青稞，嗜酥油、蔓菁。丽江府及镇沅州有之。”近代丽江、鹤庆仍有藏族人口，以丽江人数较多。

中甸（今香格里拉）的“古宗”。据乾隆《丽江府志略》上卷《官师略·附种人》条：“猓猔，即吐蕃，旧属本府，今归中甸管辖，金沙江边皆其种类。”

光绪《新修中甸志书稿本》风俗篇：“其大小中甸之古宗，泥西、格咱之龙巴，种类相似，语音亦同，无姓氏，无村屯，依山傍水，零星散处，以耕种放牧为生。帽用羊毛，染黄色狐皮镶边，上缀红缨，时有戴毡帽者，如斗笠之状，身穿牛羊毛布衣。妇女辫发为缕，素织毛布作短衣，穿百折裙。男女俱穿皮靴。如家中遇有吉凶之事，必请喇嘛打鼓念经。其婚姻多无媒妁，丧葬尽投水中。年来官为化导，婚姻亦用媒妁，丧葬间用棺木。惟不识诗书，专敬喇嘛。其风俗与乾、嘉稍为异同。”近代中甸县仍以藏族为主。

维西、德钦一带的“古宗”。据清人余庆远《维西闻见录·夷人》：“古宗，即吐蕃旧民也。有二种，皆无姓氏，近城及其宗、喇普（按，今名仍同，在维西东北）明木氏屠未尽者，散处于么些之间，谓之‘么些古宗’；奔子阑（在今德钦县东南）、阿墩子（今德钦）者谓之‘臭古宗’，语言虽同，习俗性情迥别。么些古宗大致同么些，惟妇髻辫发百股，用五寸横木于顶挽而束之，耳环细小，与么些异。

臬古宗以土覆屋，喜楼居，近衢市者，男则剃头，衣冠尚仍其旧，僻远者，男披发于肩，冠以长毛羊皮，染黄色为檐，顶缀红线缨，夏亦不改，红绿十字文罽为衣，冬或羊裘不表，皆盘领阔袖，束带，佩尺五木鞘刀于左腰间，着茜红革靴，或以文罽为之。出入乘马，爱驰骋，鞴鞯极丽，多饰以金银宝石。妇辫发下垂，缀珊瑚绿松石杂以为饰，衣盖腹，百褶裾盖膁肕，俱彩斓为之，裙或文罽或采色布，斓袜单革软底，不着裤履，项挂色石数珠，富则三、四串，自肩斜绕腋下，一妇妆饰有值数百金者。土官头目剃头辫发，入城用华人衣冠，归则易之，惟帽檐饰以织金锦为别。垦山地，种青稞麦黍炒为面，畜牛羊，取酥嗜茶，食则箕踞于地，木豆盛面，釜烹浓茶，入酥酪，和炒面，指搦而食之，曰'绺粑'。餐止拳大一团。延客置酒盈尊，自酌尽醉，牛羊肉及酥食不尽，以衣裹去。……交易皆与妇人议，妇人辨物高下不爽，持数珠会计极捷。西吴秦人为商于其地，皆租妇执贸易，去则还，而古宗收其所生之子女为酬焉。人死无棺，生无服，延喇嘛卜其死之日，或寄之乔木食鸟，或投之水食鱼，或焚于火，骨去不收。阿墩子以上，人死则延喇嘛诵佛经三日，吹笳而雕至，剥肉抛以食之，剥工取髅骨一、膁肕骨二以为值。髅为器售之，膁为笳售之。喇嘛家以藏佛经为富，皆古宗字，来自西藏，曰番藏，部二百余函，多藏至三、四部，皆缯帙锦缄，髹椟金饰。其学即习佛经，字如鸟迹篆，自左至右横书之。能历法，月大小及闰与时宪书有前后之异，日月食时刻皆同，分秒则不能推矣。头目之制：见头目之仪与么些同，惟诉讼以贿之多少为曲直。制窃盗之法最酷，或断其手，或剜其目，炙酥灌之。人信佛，崇奉喇嘛，视么些为尤谨。习勤苦，善治生，甚灵慧，耕耘之暇则行货为商。所制鋈银铁器精工，虽华人亦不能为。歌曲词虽难解，而抑扬淫液节奏可听，琵琶、三弦、胡琴之类，俱备七均，特形制不同中土耳。弓矢火器亦能为之。此皆非么些所能。第其性皆强悍,偏执而难制,稍不如意则纠党互斗,喇嘛排解之乃散。其受治于流官,俱执自明以来之旧规为说,流官至其地矫之。微不近情,辄鸣鼓聚众执仗露刃而逐之。官以不顺激变,皆隐忍不上闻,益足以长其奸,近更驾骜,然顺以抚之亦可驯也。”近代云南境内的藏族人口,亦主要居于维西至德钦地带。

清代丽江府维西厅是“古宗”的一大聚居区,盛行藏传佛教,生产生活习俗与西藏的藏族大同小异。清人余庆远在《维西闻见录》中记述的清代云南藏族饮食习惯、婚姻生活、丧葬习俗、宗教信仰、经济生活等情况,大多仍然在今天的迪庆藏区存在。

清代迪庆藏区的藏族被分为两部分:大部分仍保留着藏族古老的习俗,主要分布在中甸、阿墩子及奔子栏等地,这部分游牧民族被称为“臭古宗”。少部分则居于维西县城及其宗、喇普地区,杂居于“么些”之中,又称“么些古宗”。两者语言相同,“习俗、性情迥别”。“么些古宗”大致同于“么些”,“惟妇髻、辫发百股,用五寸横木于顶,挽而束之,耳环细小,与么些异”。在维西藏族中被称为“么些古宗”的这一部分,是指被外来的纳西等民族同化者,以示与当地土著藏族有所区别。即有一部分“古宗”与“么些”杂居,受其影响,表现出更多的“么些”文化特征,故被称为“么些古宗”,可以视为正在“么些”化的“古宗”。

中甸、阿墩子、奔子栏的“古宗”,即仍保留藏族习俗的“臭古宗”,则“以土覆屋,喜楼居,近阛市者,男则剃头衣冠”,“僻远者,男披发于肩,冠以长毛羊皮,染黄色为檐,顶缀红线缨,夏亦不改,红绿十字文罽为衣,冬或羊裘不表,皆盘领阔袖,束带,佩尺五木鞘刀于左腰间,着茜红革靴”,“出入乘马,爱驰骋,鞧鞯极丽,多饰以金银宝石。妇辫发下垂,缀珊瑚、绿松石,杂以为饰。衣盖腹,百褶裙盖膝肋”。“繝袜单革软底，不着裤履，项挂色石数珠，富则三、四串，自肩斜绕腋下，一妇妆饰有值数百金者。土官头目剃发辫发，入城用华人衣冠，归则易之，惟帽檐饰以织金锦为例”。“垦山地，种青稞、麦、黍”，在中甸和阿墩子则“畜牛羊”，取酥嗜茶，以“釜烹浓茶，入酥酪，和炒面”，又谓“糌粑”，用“指搦而食之，餐止拳大一团。延客置酒盈尊，自酌尽醉，牛羊肉及酥食不尽，以衣裹去。食毕，手脂腻悉揩于衣，无贵贱，皆然”。婚姻则行兄弟共妻制，道光《云南通志》转引《皇清职贡图》说：“婚礼以银或牛，无拘数目，娶日亲戚会饮，吹芦笙为乐。无床褥，环火而眠。”其婚俗“兄弟三四人共妻一妻，由兄及弟，指各有玦，入房则系之门以为志，不紊不争，共生子三四人仍共妻，至六七人始二妻。或欲独妻，则群视之为不友，而女家不许。故土官头目，家非不裕亦共妻，兄弟之子女即互配。华人通其妻亦莫之问，下此更可知也”。丧葬上，人死无棺，生无服，延喇嘛卜，其死之日，或寄之乔木食鸟，或投之水食鱼，或焚于火，“骨弃不收”。诉讼因财贿的多少定曲直，对盗窃处理尤严，或断手，或剜目。人皆信佛，崇奉喇嘛。“习勤苦，善治生，甚灵慧，耕耘之暇则行货为商”，交易皆由妇女议价和辨物高下，会计极捷。故陕西或“西吴”商人来，则多请妇女为他们主持贸易。“所制鋈银铁器精工，虽华人亦不能为”，铸冶或饮食则用皮炉。皮炉用全羖皮所作，在“腹际为孔，入竹筒二、三寸缝合之，人足踏皮后足，手提皮头，自上而下按之，则筒中之风悉数吹而出”。他们能自制弓箭火器，用于狩猎和自卫。歌曲词虽难解，节奏可听，琵琶、三弦、胡琴之类，俱备七均，特形制不同中土耳。斗则有喇嘛调解即散；性强悍，其受治于流官，俱执自明以来之旧规为说（解决法律纠纷），流官处事稍有“不近情，辄鸣鼓聚众执杖露刃而逐之。官以不顺激变，皆隐忍”，不敢上报。

西　番

原文

永北一带，凡在金沙江者皆是。辫发杂以玛瑙铜珠为缀，三年一栉之。衣杂布革，腰束文花毛带，披琵琶毡，富者至三四领，暑热不去。住山腰，以板覆屋，俗尚勇力，善射。有缅字经，以叶书之，祀神逐鬼取而诵焉。性暴悍，随畜迁徙。又有野西番者，倏去倏来，尤不可制。

考释

“西番”本指川滇交界地区的土著，支系众多，1961年经民族识别后，云南的部分划为普米族，四川的部分划归藏族。元代以前将宋代西部氐羌系统的羌族、吐蕃泛称为“西番”，1253年有一部分“西番”随蒙古军队进入云南和四川，这部分“西番”即是普米族最直接的先民。①

“西番”为汉族对普米族的他称，“么些”称其为“剥”或“博”(即“巴苴”)，②史载记其为“西番”。“西番”名称首见于清代记录。从社会环境看，“西番”主要分布于兰坪、丽江、维西、永胜、宁蒗等地区，与纳西、藏族杂居。从文化交流的范围上看，“西番”主要同

① 王文光、朱映占、赵永忠:《中国西南民族通史》，云南大学出版社，2015年，第374页。

② “巴苴”是藏族、白藏、纳西族对普米族的他称，“巴”即“普米”之意，滇西北许多带有“巴”字的地名，据说都是“普米住过的寨子”之意。

纳西族、藏族发生文化交流。从政治环境来看,"西番"分布的地区直到清代才实行改土归流,部分地区的封建领主制则延续到新中国成立前,封闭的政治环境有利于其民族特征和传统文化的长久保持。

清朝时期,丽江、永胜一带的"西番",已经以农业生产为主,但也还有部分人从事游牧。

《云南民族图考》(现藏中央民族大学图书馆)载:"西番,永北、丽江二府所属有此种。居深山,集众而处。男子长身,跣足,以藤缠左肘。性情凶顽,不通汉语。辫发,戴猞猔帽,身穿布短衣裤,披长毡,腰挂短刀,耕种、伐竹为生。西番妇女,头发细辫,上绾玛瑙、砗磲,耳带铜环,衣麻披毡,腰围过膝桶裙,跣足。虽属番夷亦知尊亲敬上。"

乾隆间谢圣纶《滇黔志略》卷十五《云南·种人》记述:"西番,本西徼外夷,又名'巴苴'。流入滇境,永北、丽江所属有之。入深山,集众而处。男子以藤缠左肘,披长毡,挂短刀,伐竹为生。妇女梳发细辫,上绾砗磲,耳带铜环。性恭顺,颇知尊亲敬长。近亦有读书游泮者。"

乾隆《丽江府志略》上卷《官师略·附种人》描述:"西番,一名'巴苴'。喜居高山,性暴悍狡黠,蓬头跣足,善用弩箭,种荞稗,牧牛羊为生,织褐为衣。妇垂发辫百缕,以青磁珠与砗磲相间悬于顶,终年一栉,洗必宰牲祭祀。稍涉淫渎,众执而杀之,又夷中之矫矫者。"

道光《云南通志稿》卷一百八十四引《巧家厅采访》说:"生蕃,性畏炎热,住必高山,无论春夏皆毡裘,椎髻,行必带刀执棍以为卫护,遇有怨仇,不知鸣官,惟以报复相寻。"

道光《云南通志稿》卷一百八十四引《皇清职贡图》说:"西

番，本滇西北徼外夷，又名‘巴苴’。流入永北、丽江二府，居深山，聚族而处。男子辫发，戴黑皮帽，麻布短衣，外披毡单，以藤缠左肘，跣足，佩刀，伐竹为业，不通汉语。妇女辫发，缀以玛瑙、砗磲，亦衣麻披毡，系过膝桶裙，跣足。地种荞稗，纳粮。”

道光《云南通志稿》卷一百八十四又引《伯麟图说》说：“西番，尚力善射，与牧迁移。间有向学者，以贝叶写西方经，祀神诵焉。永北厅及丽江有之。”

乾隆《永北府志》卷二十五《土司·种人彝俗附》“北胜州土州同所属夷人种类”条：“西番一种，原无姓氏，随口取名。刀耕火种，荞麦资生。男女悉以麻布为衣，身披短毡，腰系短刀，入城市背卖枋板易食。此辈虽夷，颇知事上。婚姻必通媒妁。殁后不用棺椁，以麻布缠裹火化，并无坟冢。”

乾隆《永北府志》卷二十五“永宁土知府所属夷人种类”条：“西番一种，多住山岗，随牧迁徙。男人披发向上，头戴飞缨大帽，腰佩双刀，身披毡毯。女人辫发向下，缀系红白杂石，绩麻织缕为衣。男女俱额刺山字，穿耳贯环，左衽赤足。婚姻备设牛酒，自行野合。殁后置尸草木深处，身素佩带之物，一同焚化。”

乾隆《永北府志》卷二十五“蒗蕖州土舍所属夷人种类”条：“西番一种，亦无姓氏，性喜饮酒，食生肉。男人辫发向上，头戴飞缨大帽；女人辫发向下，缀系杂石砗磲。俱穿耳贯环，左衽赤足。婚姻男女野合。殁后火化，不立坟冢。”

又据道光《云南通志稿》卷一百八十四记载：“永北一带，凡在金沙江者皆是。辫发杂以玛瑙铜珠为缀，三年一栉之。衣杂布革，腰束文花毳带，披琵琶毡，富者至三、四领，暑热不去。住山腰，以板覆屋，俗尚勇力，善射。有缅字经，以叶书之，祀神逐鬼取而诵焉。性暴悍，随畜迁徙。又有野西番者，倏去倏来，尤不可制。”

"西番"中居于"化外之地",仍以畜牧业为主,农业居次要的部分,依旧被称为"野西番"。道光《云南通志稿》卷一百八十四引《伯麟图说》说:"野西番,垂发,衣毴㲜,不常厥居,种麦以食,养牛多生牦,其习俗不同于西番。永北厅有之。"

在维西的"西番",则在当地纳西族封建主的统治之下,生产、生活的各方面都与纳西族比较接近。清人余庆远《维西闻见录·夷人》:"巴苴,又名'西番',亦无姓氏。元世祖取滇,渡自其宗,随从中流亡至此者,不知其为蒙古何部落人也。浪沧江内有之。板屋栖山,与么些杂居,亦么些头目治之。男挽总髻,耳带铜环,自建设以来(按,雍正年间设维西通判),亦多剃头辫发者,衣服同于么些。妇人辫发为细缕披于后,三年一栉,枣大玛瑙珠、掌大砗磲各一串绕于顶,垂于肩乳,行则鏦铮之声不绝,顶覆青布,下飘两带,衣盘领及腹,裙如钟掩膝,不着裤,膁裹毡而跣足,颇能习辟纑缝纫之工。婚丧信佛,与么些无异,惟兄弟死,嫂及弟妇归于一人,俗颇劣于么些。"近代维西县仍有少数普米族人口。

从以上记载来看,清代"西番"内部发展亦不平衡。其先进部分已"住山腰,以板覆屋",然"俗尚勇力,善射",说明住在山腰的"西番"已定居,虽以农耕、射猎的游耕经济为主,但仍然保留了"随畜迁徙"的游牧特色,畜牧业在其经济生活中仍占有重要地位。"西番"中较为落后的部分,则被称为"野西番","倏去倏来,尤不可制",还处于逐水草而放牧的游牧阶段。雍正元年(1723)丽江府改土归流后,部分"西番"被纳入到清王朝国家的统辖范围内,他们也像汉族及其他少数民族一样"纳粮",并且与内地通商,做起了"伐竹为业"的营生。被汉文史志称为"夷中之矫矫者"。

峨 昌

原文

一名“峩昌”,性畏暑湿,好居高山,刀耕火种,妇女以红藤为腰饰。祭以犬,占用竹三十三根,略如蓍。嗜酒负担,觅禽虫豸皆生啖之,采野葛为衣。无部长,杂处山谷,听土司役属。今永昌罗右、罗板、罗明三寨皆其种,旧俗父兄死则妻其母嫂,后罗板寨百夫长早正死,其妻方艾自矢不失节,遂饿而死,其俗乃革。

考释

“峨昌”又名“阿昌”,为唐宋时期“寻传蛮”的后裔,属氐羌系统民族,是今天阿昌族的先民。明、清之际,“峨昌”已经明显地分化为两个不同的部分,但仍一概被称为“阿昌”。至清初稳定下来时,其分布区域已集中在滇西南大理和永昌府(保山)境内,内部又有不同支系。

乾隆《滇黔志略》卷十五《云南・种人》记述:“峩昌,一名‘阿昌’,以喇为姓,大理、永昌二府有此种。性畏暑湿,爱居山冈。男女戴竹笠,饰以熊皮,簪以猪牙雉尾。刀弩不去身,觅禽虫,生啖之,宴待必烹犬。妇女绩线织葛为业。婚聘用牛马,祭以犬。占用竹三十根,如蓍。”文中“以喇为姓”中的“喇”又译写作“腊”,这个字并不是姓，而是一个前缀词。[1]

据道光《云南通志稿》卷一百八十六引《皇清职贡图》载："峩昌，以喇为姓，大理、永昌二府有此种，无部落，杂处山谷间，性畏暑湿。男子束发裹头，衣青篮短衣，披布单。妇女裹头，长衣无襦，胫系花褶而跣足。刀耕火种，畜牧、纺织为生，食用俭陋，得禽虫则生啖之。婚聘用牛马，祭以犬，占用三十枝如蓍茎然。地产麻葛。输税。"按，《皇清职贡图》的记载，多为明末清初时的情况。其时，峨昌仍散居大理、永昌二府境内。大理府仅云龙州有峨昌；永昌府则全境皆有，包括保山县、腾越州和府属各"百夷"（傣族）土司地区（今德宏）。

大理府境内的"峨昌"。据康熙《大理府志》卷十二云龙州《风俗》记载："阿猖，俱以喇为姓，男女戴竹笠，饰以熊皮，簪以猪牙雉尾，麻布为衣，刀弩不去身，以畜牧耕种为业，婚聘用牛马，有差宴待必烹犬，其种散处于浪宋、曹涧、赶马撒之间。"

雍正《云龙州志》卷五《风俗・附种人》："阿猖，俱以喇为姓。性驯顺，受土官约束。男女戴竹笠，饰以羊皮，簪以牙竹。麻布为衣，刀弩不去身。以畜牧耕种为业。婚聘用牛马，其种散处于浪宋、曹涧、赶马撒之间。秋末农隙，腾（冲）、永（昌）背盐者多此类。"

"赶马撒"在今泸水境内，清代隶属于云龙州。漕涧在今云龙县西南近泸水东南之处。清雍正年间，"阿昌"在这一带的分布，即自漕涧往西，经今泸水、腾冲北部至缅甸境内的小江流域地带。

又据光绪《云龙州志》卷五《秩官志・附老窝土司夷地风俗人情》："阿猖，俱以喇为姓，……以竹叶为笠，以棕为蓑。刀弩不离

---

① 王文光、朱映占、赵永忠：《中国西南民族通史》，云南大学出版社，2015年，第371页。

身，耕种为业。男穿耳环，女穿杂缝，系以海巴。习异语。”

老窝土司在今云龙西部近泸水六库之处。这一地区及今泸水与之相邻之地，清代皆属于云龙州。其地有阿昌与彝、白等民族相杂居。至近代，云龙西部和泸水境内已无“阿昌”，但泸水境内还有少部分景颇族。看来，阿昌的大部分已融入当地彝、白族之中，没有被融合的少部分，则为近代泸水境内的景颇族。

永昌府境内的“峨昌”。据乾隆《腾越州志》卷十一《杂记》载：“阿昌，一名‘娥昌’，耐寒畏暑，喜燥恶隰，好居高山，刀耕火种。性嗜犬，祭必用之。占用竹三十三根，略如筮法。嗜酒，背负不担，弗择污秽。今户（撒）、腊撒、陇川多此种。”此处所载的“峨昌”，分布在从腾越（腾冲）到边境的各“百夷”土司地区之内，是“峨昌”中较先进的部分，当时主要集中在户撒、腊撒一带，与其他“好居高山，刀耕火种”的部分已有区别而作为另一单一民族阿昌族出现了。

道光《云南通志稿》卷一百八十六记载：“一名‘阿昌’，好居高山，刀耕火种，妇女以红藤为腰饰。祭以犬，占用竹三十三根，略如蓍。嗜酒，负担。觅禽兽虫豸皆生啖之，采野葛为衣。无部长，听土司役属，今永昌罗古、罗板、罗明三寨皆其种，旧俗父兄死则妻其母嫂，后罗板寨百夫长早正死，其妻方艾自矢不失节，遂饿而死，其俗乃革。”此处所记之“峨昌”，为居于永昌、腾越间“僳僳”“百夷”杂居区者，是“峨昌”中较为落后的部分，当时处于百夷土司统辖之下。

清初吴三桂将阿昌族居住的户撒、腊撒地区作为自己的“勋庄”，康熙二十一年（1682）清朝平定“三藩之乱”后，废除了“吴氏勋庄”，仍由原来的赖、況两家土司管辖。雍正二年（1724）土司因争袭被革职，乃归腾越州管辖改设伙头。乾隆三十五年（1770），该地土司请求恢复土舍旧职，得到清廷的准许，土司以出钱买地的名义，赎回户撒、腊撒之地，使其成为“爵土兼私土”，阿昌族的封建领主制得以进一步发展，同时地主经济也开始兴起。阿昌族除向傣族土司交纳贡赋外，80%以上的农民都沦为附近汉族、傣族地主的佃户，同时受到封建领主和地主的双重剥削。

清初以来“峨昌”内部发展不平衡的状况已十分明显，开始分化为先进和落后两个部分。先进的部分已居住在平坝区和交通沿线附近，生产、生活的各个方面与汉、白、纳西等民族交往较多，向官府“输税”，经济、文化的发展水平较高，逐渐集中于今德宏的户撒、腊撒及其周围地带，形成另一个单一民族阿昌族。这部分阿昌族接受了汉族的生产方式，农业以耕种水田为主，水田的耕作技术也较先进，单位面积产量可达到籽种量的60倍左右，水稻产量已占农作物总产量的70%以上。经济作物还包括香果、甘蔗、花生、草烟等，特别是草烟的种植技术已达到相当高的水平。畜牧饲养业有了较快发展。纺织手工业有了更为显著的提高，因此妇女能“以五彩帛裹其髻为饰”。户撒、腊撒地区的阿昌族以擅长制作铁器著称，打制的长刀、砍刀、尖刀等刀具不仅制作工艺复杂，而且产品以质地精良、锋利坚韧而闻名于世。[①]在农业、畜牧业、手工业发展的基础上，商业也比较发达，有了专业商人；落后的部分则仍“杂处山谷间”，即依旧居住于广大山区，普遍种植旱谷、玉米、豆类等农作物，耕作方式较为粗放，产量较低。“食用简陋，得禽虫则生啖之”。由于相对封闭隔绝，发展缓慢，与形成阿昌族的那一部分“峨昌”之间的差别越来越大，逐渐形成景颇族中的“载瓦”“喇期”等支系和彝族支系“莨峨”人。

① 本书编写组：《阿昌族简史》，云南人民出版社，1986年，第57—59页。

缥　人

原文

妇女以白布包头，短衫露腹，以红藤缠之，莎罗布为裙，上短下长，男女同耕。

考释

"缥人"即"骠人"，清代分布在永昌府西南徼外（即今保山以西地区），为古时朱波的后裔，朱波即今缅甸。明沈德符《万历野获编》记载："缅甸，古朱波也，汉谓之'掸国'。……唐谓之'骠国'，贞元中亦来朝献。宋谓之'缅国'。"又道光《云南通志稿》卷一百七十九记载："缅甸在汉为掸国，在唐为骠国，元立邦牙宣慰司，明为缅甸宣尉司，本朝为缅甸国。"

伯希和《交广印度两道考》以为"骠"即Pyu之译音，盖蒲甘设都以前以Prome（今译"卑谬"）为都城时统治缅甸种族之名称，以后用以概称骠国、骠人和骠都，而中国史籍则将"卑谬"译作"骠"或"剽"。向达《蛮书校注》曰："至若骠国名称之来历，余则取Pyu之译音之说，是即为蒲甘建都以前以Prome为都城时统治缅甸种族之名称。至若以骠国作都城之解者，盖禄郫江共弥诺江流经Prome城也。"[①]《新唐书》记骠国有属国十八，伯希和认为在怒江与伊洛瓦底江入海处，哈威认为在缅甸中部与下缅甸三角洲一带，所领城镇九，其中悉利移为骠王世子所居，地近卑谬，亦在下缅

① （唐）樊绰撰，向达校注：《蛮书校注》，中华书局，1962年，第237—238页。

甸之属。

按“骠”之一称，不自唐始，《唐会要》卷一百《骠国》说：“魏晋间，有著《西南异方志》及《南中八郡志》者云：永昌，古哀牢国也，传闻永昌西南三千里有骠国，君臣父子长幼有序，然无见史传者。”骠国之名见于记录，以此为最早。

乾隆《滇黔志略》卷十五《云南·种人》记述：“缥人，在永昌府西南徼外，古朱波之苗裔。其先隶骠国摩罗惹部落。今保山县境有蒲缥寨，因蒲人、缥人杂处得名。妇人当顶作高髻，裹以白布，衣短衫露腹，腰缠红藤，系莎罗布。风俗恶杀，一切赊佣通财，如约酬偿，毫发无爽。”

道光《云南通志稿》卷一百八十六记载：“妇女以白布缠头，短衫长裙，露其腹，以红藤缠之，男女同耕。”

道光《云南通志稿》卷一百八十六引《皇清职贡图》记载：“缥人即骠人，在永昌府西南徼外，古朱波之裔，其先为金齿骠国，南诏常制之。元初内附，置宣抚使，洪武中置府，又置金齿卫，保山县今县境有蒲缥寨，因蒲人、缥人流入得名。其地青甓为圜城，四隅作浮图，民居中，铅锡为瓦，荔枝为材。男子束发，衣青蓝布短衣袴，披毡片；妇人当顶作高髻，裹以白布，衣短衫系长裙，其裙以莎罗布为之，缘锦缀珠为饰。俗奉佛，勤耕织，每织一梭，辄诵佛号，时负竹筐入市贸易，重约信，有赊贷，未尝逋负。”

公元三世纪骠族南下到达伊洛瓦底江下游建立了金齿骠国（在今缅甸中部），以卑谬为都城。唐贞元十八年（802），骠国国王雍羌派王子舒难陀率“骠国乐团”访问唐朝，并在长安宫廷中演出缅甸古乐和精彩的舞蹈，轰动一时。大诗人白居易等为此作《骠国乐》，《新唐书·骠国传》也用了很大篇幅描写骠国歌舞团队表演的盛况。骠国与南诏国同为佛教国家，关系甚密。《蛮书》卷十《骠国》说:"骠国,在蛮永昌城南七十五日程,阁罗凤所通也。"《南诏德化碑》说:"西开寻传,南通骠国。"《新唐书·骠国传》说:"南诏以兵强地接,常羁制之。"又说:"大和六年,南诏掠其民三千,徙之柘东。"即唐大和六年(832)骠国都城被南诏攻陷,骠国遂亡。南诏虏其国人三千安置于拓东城(今昆明市城区以东)。元初内附,其地置金齿宣抚司(今德宏),明洪武中置永昌府,又置金齿卫(今保山)。清朝在保山设永昌府,领土府一,厅、县、土州、长官司各二及安抚司三,宣抚司五。近代在今保山西南部仍有蒲缥寨,即因蒲人、缥人流入而得名。其地以青砖围城,周百六十里,有十二门,四隅作浮图(即浮屠),民居其中,以铅锡为瓦片,荔枝为木材。男子束发,穿青蓝布短衣裤,身披毡片;妇人头发挽成高髻,上裹白布短衫,下系长裙,其裙以莎罗布为之(莎罗布即中国木棉布,坚韧厚实,或织以青红花纹),边缘锦布缀以珠子为饰。民俗敬奉佛教,勤于耕织,每织一梭,辄诵佛号。时常背负竹筐入集市贸易,重约信,有赊贷,未尝逃债。

哈　喇

原文

男女色深黑，不知盥栉，男子花布套衣；妇人红黑藤缠腰数十围，产子竹兜盛之，负于背。又有古喇，男女色黑尤甚，种类略同哈杜，亦类哈喇，居山，言语不通，略似人形耳。

考释

"哈喇"与"古喇""哈杜"皆为同一民族中的不同部分。何以称之为"哈喇""古喇""哈杜"则不得而详。看来不是佤族的自称，而是其他民族对这部分佤族的他称。

道光《云南通志稿》卷一百八十六记载："哈喇，男女色深黑，不知盥栉，男子花布套衣；妇人红黑藤缠腰数十围，产子竹兜盛之，负于背。又有古喇，男女色黑尤甚，种类略同哈杜，亦类哈喇，居山，言语不通，略似人形耳。"

清朝时期，佤族中的各个部分之间的发展很不平衡，被称为"哈喇"的比较先进，分布于今腾冲至德宏以及德宏与缅甸交界的边境地带，农业和纺织手工业的发展已经达到了相当的水平，只是农业还比较粗放。他们在山区"刀耕火种，多旱谷"，或"种苦荞为食"；纺织手工业的发展则表现为普遍能够织造"娑罗布"即"木棉布"。"哈喇"显然已处在从原始社会末期向阶级社会过渡的阶段。而分布在腾冲的部分，由于有机会与汉族进行较多的接触，有极少数已经开始接受汉语汉字而吸收了汉族文化。"古喇"分布于德宏至临沧一带，较之"哈喇"落后，最落后的部分是"哈杜"。

缅 人

原文

有数种,曰“老缅”,曰“得楞子”,曰“阿瓦”,如猛别、雍会、普浣、洞吾、摆古皆其类,大抵各以其地得名。性贪利好斗,食不用匙箸,长于鸟铳,其火药必得麦面傅之,迅疾无敌,其法秘不传人,俗好佛,男女俱以布盘其首,色黑类哈喇、摆古,最远而强。

考释

“缅人”即缅族,其祖先来自西藏高原东南部山区的藏缅人,他们中的一部分顺山势南迁缅甸后形成缅族。① 明包见捷《缅略》记载:“缅人,古朱波也,汉通西南夷后谓之‘掸’。”缅人自清代入滇后,即融合到当地的傣族之中。

乾隆《滇黔志略》卷十五《云南・种人》记述:“缅人,有数种,

---

① 关于“缅人”的起源,有的学者认为缅族源于中国西北青海、甘肃一带的古羌人,由于受商周及秦王朝的进攻而向西南迁移,于公元初期到达四川西部和云南北部。大约至 350 年时,藏缅族先民的一支骠族首先进入缅甸。而后于公元 7—9 世纪,在云南地方政权南诏国统治下的望蛮、望苴子、望外喻、扑子蛮等缅族先民才迁移到缅甸,并于 849 年,由彬巴王建立蒲甘城;到 1044 年阿奴律陀王统一缅甸,建立蒲甘王朝,遂形成缅族的统一国家。此说由鲁斯教授提出,他指出缅族起源于藏缅语族,以及与羌族、彝族、白族等有共同的文化渊源。说明他们是由藏缅语原始氏族发展而来。(见陈茜:《试论缅族的形成问题》,中国世界民族研究学会编:《世界民族研究》,世界知识出版社,1984 年,第 67 页。)

曰‘老缅’,曰‘得楞子’,曰‘阿瓦’,各以其地得名。他如猛别、雍舍、普浣、洞吾、摆古,皆其种类,在永昌府域外。其部落凡五城,元世祖至元中始归顺。明洪武二十六年,缅目来朝,以其长普剌浪为宣慰。永乐二年,给以金牌信符。嘉靖以后,缅酋莽瑞体、莽应里父子雄长西南,不通贡职。恭逢我皇上圣德遐宣,乾隆十五年,缅甸长莽达喇称臣纳款,制金银二鈚、篆刻表文、贴金宝塔,令头目赍献,并贡缅布、驯象等物。缅人称头目曰‘莽纪’。男子漆齿穿耳,蟒衣跣足,头带红缎一幅。妇女花锦围腰,长裙跣足,性喜花草。俗好佛,有大事则抱佛说誓。其文字,呈尊者用金叶写之,次用纸,次用槟榔叶,谓之‘缅书’。相见合掌为敬,敬于己者则跪拜,有所论则叩头受之。虽贵为叨孟,见宣慰莫敢仰视,凡有问时,则膝行而前,三步一拜,退亦如之。贱见贵、少见长,皆然。”

道光《云南通志稿》卷一百八十六记载:“有数种,曰‘老缅’,曰‘得楞子’,曰‘阿瓦’,如猛别、雍会、普浣、洞吾、摆古皆其类,大抵各以其地得名。性贪利好斗,食不用匙箸,长于鸟铳,其火药必得麦面傅之,迅疾无声,其法秘不传人。俗好佛,男女俱以布盘其首,色黑类哈喇、摆古,最远而强。”

道光《云南通志稿》卷一百八十六引《皇清职贡图》记载:“缅甸,古朱波地。在永昌府腾越州天马虎距诸关外,其酋居阿瓦城,元及明初虽示羁縻,时多反覆。嘉靖后莽瑞体父子雄长诸部,自称缅甸国王,不通职贡。本朝顺治十八年,吴三桂领兵至阿瓦城东,传谕缅王倾心向化,乾隆十五年,其王莽达喇制金银二鈚、篆刻表文,并贡涂金宝塔、驯象、缅布等物。嗣为木梳酋长甕藉牙所篡,子懵恼、懵驳相继占据。其夷官、夷民服饰与南掌(按,此处说的南掌指琅勃拉邦王国,清王朝仍称之为“南掌”)相似,妇人束发穿耳,短衣围以锦幅长裙。性爱花卉,其文字呈尊者用金叶书之,次用纸，次用槟榔叶，谓之‘缅书’。”

缅人“有数种，曰‘老缅’，曰‘得楞子’，曰‘阿瓦’”。据江应樑先生对“得楞子”一名的解释，得冷即得楞（TALAING），或谓此名来自印度语之“得楞伽那”（TALINGANA），为马德拉斯沿岸的一个地区，公元前此地土民即不断移入缅境，因呼为“得楞”。明初，“得楞”据白古（Pegu，今缅甸南部）称王，明朝称之为“大古剌”，以其地建立大古喇宣慰使司。① 但有的学者认为“得楞”一名虽出自 TALINGANA，但这个从地名转为族名的名称，乃是缅族人对孟族人的误称。②

“阿瓦”指阿瓦王朝，元灭蒲甘王朝后，缅人于 1364 年建都于阿瓦城（今曼德勒西南、伊洛瓦底江南岸），即明朝洪武二十九年（1396）所建之缅甸军民宣慰使司（辖今缅甸中部的曼德勒地区一带）。其他如猛别、雍会、普浣、洞吾、摆古等与缅人同属一类，大抵各以其居住地而得名。如洞吾在今丹那沙林区北部之东吁，原缅甸宣慰司土司后裔于 1531 年在此建立了缅甸史上的洞吾王朝（即东吁王朝）。摆古又作“白古”，即今勃固。1287 年由孟族封建主建立，史称“白古王朝”（又译“勃固王朝”）。

缅人性情好争斗，进食不用匙筷，擅长使用鸟铳，其火药必用麦面参和，开火时迅疾无声，其法秘不传人，其俗喜好佛教，男女皆用锦布盘于头顶，肤色甚黑，形貌类似哈喇、摆古，住地最远而强悍。其夷官夷民服饰与南掌（今老挝）相似，妇女束发穿耳，上穿短衣，下身围一幅锦布长裙。性格喜爱花卉，其文字若呈送尊贵者则用贝叶书之，其次用棉纸或槟榔叶书写，谓之“缅书”，即老傣文。

---

①［明］钱古训撰，江应樑校注《百夷传校注》，云南人民出版社，1980 年，第 125 页。

② 陈孺性：《关于“大古剌”、“小古剌”与“底马撒”的考释》，《东南亚》1993 年第 2 期。

结 맴

原文

以象牙为大环,从耳尖穿至颊,以红花布裹头,而垂带于后,衣半身衫,袒其右肩。

考释

"结맴"即"结些""遮些",只是语言不同,皆由南诏时期的"裸形蛮"发展而来。清朝时期,景颇族中的一部分在史载中被记作"结些",为今景颇族中自称"景颇"和"喇期"两个支系的先民。"结些"的称呼不详其由来,但看来似乎不是他们的自称,或为同区域内其他兄弟民族对"景颇"和"喇期"两个支系的称呼。当时他们已自称为"景颇"和"喇期",但反被其他民族对他们的称呼所掩盖。清代记录中突出了他称,而忽略了他们本民族的自称。

道光《云南通志稿》卷一百八十七记载:"结些,以象牙为大环,从耳尖穿至颊,以红花布一丈许裹头,而垂带于后,衣半身衫,袒其右肩。"

"结些"是景颇族中比较先进的部分,农业和纺织手工业的发展水平都比较高,内部的阶级分化已经明显。因而其社会组织结构已经和缅族接近。但"结些"中也有一部分较为落后,保留有更多的原始社会残余,流动性比较大,因而有一部分在明朝末年向东流入腾越州边境及其西部的傣族土司地区。

元、明、清时期,史载所谓之"结些",其大部分指缅甸克钦邦的

 194

克钦族，他们原来主要分布在孟养一带，明万历年间以后，有一部分“结些”自孟养一带向东南迁徙，其中一些进入云南境内的永昌府属“百夷”土司地区，后来组成景颇族中的一部分，即近代景颇族中的“景颇”支系和“喇期”支系。

遮　些

原文

绾发为髻,男女皆贯耳佩环,性喜华彩衣,盘旋蔽体,饮食精洁,战斗长于弓矢,恃象铳,稍与缅同,孟养一带多此种。

考释

“遮些”又名“遮些子”“羯些子”,原指缅甸克钦邦的克钦族,进入中国境内后成为景颇族中的一部分,为今景颇族中自称“景颇”和“喇期”两个支系的先民。

道光《云南通志稿》卷一百八十七记载:“遮些,绾发为髻,男女皆贯耳佩环,性喜华彩衣,盘旋蔽体,饮食精洁,战斗长于弓矢,恃象铳,稍与缅同,孟养一带多其种类。”

道光《云南通志稿》卷一百八十七引《伯麟图说》记载:“遮些,男女皆穿耳,性奢,彩衣盘旋,饮食必精洁,善用火器及弩。永昌府属有之。”

“遮些”是景颇族中比较先进的部分,农业和手工业的发展水平都比较高,物质生活较为丰富,内部的阶级剥削已经出现,说明景颇人已经进入阶级社会。“遮些”中的统治阶级,其日常生活已经很豪华,由于能够剥削到的物质财富增多,使他们开始“也学中州(汉族)斗丽华”。他们的统治地位比较稳定,在一定辖区内行使独立权力,并享有各种特权,如同内地的世袭王侯那样,这就是延续至新中国成立初期的景颇族中的大“山官”。

元、明、清时期，史载所谓之“遮些”，其大部分指缅甸克钦邦的克钦族，他们原来主要分布在孟养一带，明万历年间以后，有一部分“遮些”自孟养一带向东南迁徙，其中一些进入云南境内的永昌府属“百夷”土司地区，后来组成景颇族中的一部分，即近代景颇族中的“景颇”支系和“喇期”支系，社会发展水平较为进步。

羯些子

原文

种出迤西、孟养，流入腾越。环眼鸟啄，耳带大环，无衣，遮腹下以布一幅。米肉不煮而食。勇健，执枪刀，敢战，喊声如犬吠。

考释

“羯些子”即“遮些子”，为今景颇族中自称“景颇”和“喇期”两个支系的先民。

康熙《永昌府志》卷二十四《土司・种人》说：“羯些子，种出迤西、孟养，流入腾越。环眼鸟啄，耳带大环，身无衣，腹下遮布一幅。米肉不烹而食。勇健，执枪刃，敢战，喊声如吠犬。”

迤西、孟养即今缅甸克钦邦境内的伊洛瓦底江以西之地。所谓“流入腾越”，即指“羯些子”于明朝末年从迤西、孟养流入腾越州（今腾冲）及其西南边境的“百夷”土司地区（今德宏）。到清朝初年，已有不少“羯些子”散布在永昌府所辖的“百夷”土司地区，故康熙《永昌府志》卷二十四和雍正《云南通志》卷二十四均全部抄录天启《滇志》中关于“羯些子”之记载，用以说明永昌府属境内（包括“百夷”土司地区）“羯些子”的情况。

清朝时，农业已经成为景颇族的主要生产部门。农业中使用铁制农具，并大量使用竹木农具。多种植旱谷、玉米、小米等杂粮，采用刀耕火种、轮歇丢荒的耕作方式，大多不施肥、不灌溉、不除草，产量较低。牧业中家庭饲养业比较普遍，家畜中有水牛、黄牛、猪等,也饲养骡、马。手工业仍然是附属于农业的家庭副业,没有独立的手工业者,手工业工具简单,编织、纺织工具都很简陋,因此生产效率很低。

地鬼羊

原文

短发黄睛,性奸狡嗜利,出没不常,与人相雠,能行妖术,用器物易其肝胆心肾为木石,遂不救。又置蛊饮食中,如元江所为。

考释

此处的“地鬼羊”应为“地羊鬼”。清代“地羊鬼”属于何种民族,因无确切记载,尚不可考。清人胡蔚将其视为“僰人”之一种,亦即今天的傣族支系。从“地羊鬼”活动的区域来看,这种说法有其合理性。

“地羊鬼”头剪短发,眼睛发黄,性情奸猾狡诈,贪图私利,出没无常。与人结仇时,能行妖术,用器物把他人的肝胆心肾换成木石,使其无法救治而死亡。又放置蛊虫在饮食中,如同在元江的做法一样。

绘制于雍正初期,现藏于台湾“中研院”历史语言研究所傅斯年图书馆的《滇夷图说》描述为:“短发黄睛,性奸狡嗜利,出没不常,带弓弩,与人相仇,能行妖术,咒以木石器物,易其肝胆心肾,遂不救。又置蛊饮食中,如元江僰彝所为。”“带弓弩”三字在其他文献中未出现过,对应于文字,图像中右下方有夷人手脚并用,以膝抵弩,双手拉弓。

绘制于道光、咸丰年间,现藏于哈佛燕京图书馆的《滇苗图说》描述为:“地羊鬼,短发黄睛,性奸狡嗜利,出没不常。与人相仇,能行妖术,用器物易其肝胆心肾为木石,遂不救。又置蛊饮食中,如元江僰彝所为。”除“带弓弩”三字外,文字与《滇夷图说》相同,然而其图像左侧却绘有一夷人手脚并用、张弓拉弩,图像与文字不对应。《滇苗图说》应是抄绘之作,绘图者在图中保留了弓弩,但文中却未提到“弓弩”。

道光《云南通志稿·南蛮志·种人》描述为:“旧《云南通志》:地羊鬼,短发黄睛,性奸狡嗜利,出没不常。与人相仇,能行妖术,用器物易其肝胆心肾为木石,遂不救。又置蛊饮食中,如元江所为。”图像中二人披毡,一人束发、牵牛,一人披发、佩刀,应为夫妇。无持石夷人的形象,图像与文字对不上。绘图者抛开了图说文字,绘画出与主题无关的内容。

光绪《续云南通志稿》描述为:“短发黄睛,性奸狡嗜利,出没不常。与人仇,能行妖术,用器物易其肝胆心肾为木石。又置蛊饮食中。(旧志)。”其图像绘有三人,右侧一人右手持引魂幡,左手持水杯,似乎在施法,中间一人张开十指,扑向画面左侧躺倒在地的夷人,该夷人身旁还有背篓和锄头。绘图者不仅表现出文字中的“妖术”,也刻画出“地羊鬼”“短发”“奸狡”之态。

看来,“地羊鬼”可能分布在迤西野人山等地。他们以其自身特点的不同而有别于其他民族,被视为另类。他们在民间从事巫术活动,其外貌特征是髡头或短发、黄睛、面黑,其行为特征是使用巫术害人,核心在于以木石置换人的内脏,往往使人不治身亡。但文中过分夸大了他们害人夺命的一面,带有明显的民族歧视和污蔑之词。

喇 鲁

原文

性悍，居崖穴，衣麻布，捕山禽野兽为食，赋役俱无。

考释

“喇鲁”亦写作“腊鲁”“喇乌”，原为唐代南诏族属乌蛮部落中的一部分。清初时，“喇鲁”已分布于东起临安府新平县，中经景东府，西达永昌府腾越州的广大区域内。在一定程度上保持着原有文化特征的情况下，杂居于其他民族之间。近代有“阿鲁”“腊鲁颇”，为彝族中的一个支系。①

《滇苗图说·喇鲁图说》：“喇鲁，居新化山箐，因土播，食荞麦。自少至老不履城市。网禽兽，衣麻布，其甲胄皆藤皮为之。性险异，好剽掠，散则为民，聚则为寇，凡沿近鲁魁皆然，而喇鲁与孔答、喇吾、比苴、莱葱诸种俱称野贼，鸷鹫甚矣。”

康熙《新平县志》卷二《新化风俗》说：“喇鲁，性悍，居崖穴，衣麻布，捕山禽野兽度日，差徭赋役俱无。”这里没有明确“喇鲁”是何种民族。看来，直到清朝初年，新化州的“喇鲁”仍然比较落后而且流动性很大。

---

① 有的学者认为“喇鲁”当是分布在滇南的彝族支系，为了适应亚热带的生态环境，住的是干栏式民居。其内部发展仍然极不平衡，散居边远地区的部分“喇鲁”不受当地官府的管辖，故“差徭赋役俱无”。（见王文光、朱映占、赵永忠：《中国西南民族通史》，云南大学出版社，2015 年，第 356 页。）

雍正《云南通志》卷二十四说："喇乌，临安、景东有之。男如猡夷，衣用棉布；女装如窝泥，短衣桶裙。山居，亦务种植，男善伏水取鱼。"按，临安府的部分即在新平县（新平县原属临安府，雍正十年始改隶元江府）；景东的部分则介于临安府与永昌府之间。

乾隆《开化府志》卷九《风俗·种人》载："多居边地，性愚劣，自为耕织，男女蓬头跣足，面黧黑而身短小。议婚先定礼银数两、耕牛一条，嫁无妆奁。父母兄弟之丧，吹角跳舞，宰牛以祭，无孝服，以木编床，发尸火之。"

道光《云南通志稿》卷一百八十四引《伯麟图说》记载："喇鲁，亦曰'喇乌'。楼居近水，牛羊豢其下。勤本业（农业），遇人退让。其散处荒僻者，赋役俱无。食蜂蛇。永昌府属有之。"则"喇鲁"（或"喇乌"）除新平县以外，永昌府辖境内也有一部分，而永昌府属境内的"喇鲁"主要分布在腾越州。

光绪《腾越州志》卷十五《诸夷志·种人》说："喇鲁，性悍，居岩穴，衣麻布，捕山禽野兽为食，赋役俱无。亦曰'喇乌'。楼居，牛羊豢其下。勤本业，遇人必自退让，其散处荒僻者，食蜂蛇。"这部分"喇鲁"有一部分较先进，另一部分仍然比较落后。

近代彝族中有一部分自称"腊鲁颇""腊倮""阿鲁"，或以为属于彝族中的"腊鲁颇"支系。即清代记录中的"喇鲁""喇乌"。主要分布在新平、墨江、普洱、云县、华坪等地。新平的部分已见于清初记录。除新平的部分外，其他地方的是清朝中期以后继续迁徙流动来的。[①] 墨江、普洱、云县的部分，显然是后来分别从新平、景东流入的；华坪的部分不知何时迁入。原腾越州（今腾冲）的部分，当已混合入附近其他部分彝族之中。

① 白仲和：《元江彝语地名探讨》，2009 年 2 月 6 日，彝族人网（www.yizuren.com/yistudy/tygzykc/20370.html）。

苗　子

原文

有九种，黔省最多，在滇则宣威、镇雄亦有之，多是花苗。居水滨，不畏酷暑，多田、罗、陈、蔡四姓，形状类黑干夷，蒙布为冠，饰以彩绒，短衣无衿，腰连细折短裙至膝，跣足。节序击铜鼓，吹呐叭，欢聚赛神。书契、数目、字迹并六十甲子皆如汉制，余不同。亲迎，壻步行迎妇归，始置酒待客，母家三日后以牲畜送壻家，以为妆奁，壻家答以牛羊布匹，即准财礼，厚款送归。死则毡裹舁而焚诸野，婚配各以其类，不通诸夷。

考释

“苗子”即苗族，主要居住在贵州省，云南的苗族聚居区主要在曲靖，有若干支系。清代云南的苗族集中分布在滇东北地区，即镇雄州、宣威州及曲靖、东川、昭通等府，多数是花苗，也有黑苗、白苗、青苗、红苗等，种类甚多。

镇雄的苗族。据乾隆《镇雄州志》卷三《风俗》说：“苗类，镇雄四境皆有。好山居，男女任力，刀耕火种以供食用。服饰俱不甚异，色尚青白，以彩线织文于布为衣，男女皆然。婚姻不先媒妁，每于岁正，择地树芭蕉一株，集群少，吹芦笙，月下婆娑歌舞，各择所配，名曰‘扎山’。两意谐和，男女归告父母，始通媒焉。以牛马布匹为聘，嫁娶迎送亦以人多为荣。葬有棺，无敛。祭宰羊，击高颡鼓以为哭奠之节，三年内不食盐，不莳蒜。性忠朴，居寨不论人户多寡，皆立乡老，事争曲直，必从乡老判决，乃鸣于官。为人佣佃，事所尊如父母。不喜争斗。见城市衣冠，辄鴃啅惊避。此则诸苗性情风俗之略同者。”近代镇雄、彝良、威信一带仍有不少苗族人口与彝族杂居。

昭通府的苗族。道光《云南通志稿》卷一百八十五引《皇清职贡图》记载：“苗人，相传为盘瓠之种，楚、粤、黔皆有之。其在滇省者，惟曲靖、东川、昭通等府花苗，随各属土流兼辖。其人喜居水滨，耐寒暑。男子青布裹头，短衣跣足，性狡而懦，勤耕作。妇女束发，戴五色花冠，耳缀银环，着紫布短衣，系绣花布裙，跣足，能织苗锦，常携竹筐入市贸易。遇节序则击铜鼓吹角赛神。土宜杂粮，输税惟谨。”清代昭通府辖境，包括今昭通、鲁甸、永善、绥江、大关、盐津等地在内，近代这些地方均有苗族人口居住。

东川府的苗族。雍正《东川府志》卷一《种人》说：“苗子，……妇女短衣长裙，裙用彩为之，头戴高巾。男服与猓猡同。其性狡猾，稍懦于猓[猡]耳。其书字与猓猡大同小异。”

又乾隆《东川府志》卷八《户口·附种人》：“苗人，有苗氏之遗，禹奉帝命徂征者也，至今其性犹善治田。东川在战国属楚地，故有苗人所居，树栅为墙，削树皮为壁，编叶为瓦，制度颇善，性懦而狡。善治田，为爨、僰服役。其男子青布帕首，青布长袴，跣足。妇人绣巾高顶，金银大珰，青布衣桶裙。所食米就地垒而炊。”近代会泽、巧家一带仍有苗族。

滇东地区的苗族。雍正《云南通志》卷二十四记载：“苗子有九种，黔省最多，在滇则宣威、镇雄亦有之，多是花苗。居水滨，不畏酷暑，多田、罗、陈、蔡四姓，形状类黑干夷。蒙布为冠，饰以彩绒，短衣无襟，腰连细折短裙至膝，跣足。节序击铜鼓、吹呐叭，欢聚赛神。书契、数目、字迹并六十甲子，皆如汉制，余不同。亲迎，婿步行迎妇归，始置酒待客。母家三日后以牲畜送堉家，以为妆奁，堉家答以牛马布匹，即准财礼，厚款送归。死则毡裹舁而焚诸野。婚配各以其类，不通诸夷。”

道光《宣威州志》卷五《土司·种类》：“猫子，居必依附江河，不畏酷暑，多田、罗、陈、蔡四姓，男女装束类黑干夷。女曲木蒙布为冠，彩绒为饰，短衣为襟，腰连细折短裙至膝，跣足。每节序击铜鼓吹锁呐，合寨聚会赛神欢饮。语言不同诸夷，书契、数目、字迹并六十甲子皆如汉志，余不同。亲迎不用马，命婿步行引回，始办酒食以待客。母家于三日后具牛羊猪畜之类送于婿家，以为妆奁，婿家答以牛马布匹，即准财礼，厚款送归。死则祭以猪羊，不用棺木，毡裹舁而焚诸野。婚配以礼，不通诸彝。”近代曲靖地区各县仍有数量不等的苗族人口。

滇南地区的苗族。居于其地之“苗子”，清中叶以后始见于记载。据道光《他郎厅志》：“苗子有九种，在滇者多花苗。婚姻各从其类，与诸夷不同俗。其书契字迹皆如汉制。每逢节序，击鼓赛神以相欢聚。”他郎厅即今墨江一带。其地之“苗子”，当自开化府迁入。但近代墨江县已无苗族。

黑干夷

原文

宣威有之。男椎髻，头缠麻布，耳戴大铜圈，垂至肩，穿麻布短衣，跣足；女衣套头衣，毛褐，细带编如筛盘，罩于首，饰以海贝、砗磲等物，衣领亦然，褶裙亦用毛褐，居深山密箐。婚配不用媒妁，男吹笙，女弹口琴，唱和相调，悦而野合，归语父母，始用媒聘迎妇归。死则裹以毡，舁而焚诸野，此夷中之最卑下。

考释

"黑干彝"，是"黑倮倮"中经济文化比较落后的一部分，清代主要集中在滇东北一带，其中宣威州最多。其自称"纳罗"，"纳"为黑，"罗"则是虎，"纳罗"即"黑虎"或"黑干彝"之意。

康熙《罗平州志》卷二《风俗》说："干猓猡，次于鲁屋黑猓，服饰同鲁屋。丧无站场，其信鬼亦如之。数种猓猡俱不共居处，不通婚烟。"

道光《云南通志稿》卷一百八十五记载："黑干夷，宣威有之。男椎髻，头缠麻布，耳戴大铜圈，垂至肩，穿麻布短衣，跣足；女衣套头衣，毛褐细带编如筛盘，罩于首，饰以海贝、砗磲等物，衣领亦然，褶裙亦用毛褐。居深山密箐。婚配不用媒妁，男吹笙，女弹口琴，唱和相调，悦而野合，归语父母，始用媒聘迎妇归。死则裹以毡，舁而焚诸野，此夷中之最贱者。"此处说到了"黑干彝"的服饰质地和造型。即女性穿"贯头衣"，同时还提到男吹笙、女弹琴（口弦）之俗及其婚俗。最突出的是头饰，用毛褐细带，编如筛盘罩于首，这在“倮倮”各支系中还不多见。

道光《云南通志稿》卷一百八十二引《皇清职贡图》记载：“干猡猡，唐时隶东爨部落，今与黑、白二种散处云南、曲靖、东川三郡，无专设土司。居尚楼屋，食贵盐蒜，人貌皆黑，男子束发缠头，耳缀圈环，衣花布短衣，披羊皮，用麻布裹胫，着草履；妇女以白麻分辫束发，顶缀海巴。其婚嫁以奢侈相夸，每食插箸饭中，擎拳默祝，以为报本。性好斗，不通华言，颇勤耕织樵采，岁输赋税。”

道光《宣威州志》卷五《土司·种类附》说：“干猓猡，衣妆略同，惟不知洗面，脚不着屦。居必高山深谷，自织麻布、羊毛、粗褐火草布以为衣。性强悍，善捕猎，种荞以自赡。轻迁徙，不耐搔扰，稍不如意，即合寨逃往外境。呼黑、白猡猡为主，见即跪拜，侧不敢坐。语言同，无书契，婚配以类，不通黑干夷。”

“黑干夷，男椎髻，头缠麻布，穿麻布短衣，两耳带大铜圈，垂至肩峰，跣足不履；女衣四方大布井之套至肩，用毛褐褶裙，不着履。褐细带编如筛盘戴于头，饰以海巴、砗磲等物，女领际亦然。居必深山密箐，婚配不用媒妁，男吹笙、女弹琴，口唱和相调，男女相悦而野合，归而语诸父母，二姓始央媒行聘，择期接回。死则裹以毡，舁而焚诸野。此种又贱于干彝矣。”

看来，“黑干夷”是滇东北“黑倮倮”中的一部分，在失去其政治、经济上的特权之后，向附近地区迁移流动。最初在一定程度上还力图保持住原来贵族的奢侈风尚，并可免除各地土司的剥削负担（“无专设土司”）。但其经济地位日趋下降，因此被称之为“黑干夷”“黑干倮倮”“干倮倮”。如康熙《平彝县志》卷三说：“干猡猡，彝中之氓也，多贫。”而乾隆《东川府志》卷八则直接把这部分“倮倮”称之为“干人”：“靡莫别种。最勤苦，近皆畏威怀德，一洗从前旧习，业儒者千之一，余皆刀耕火种，农隙则樵、牧、渔、猎。男子椎髻首，妇人青布帕首，同服粗麻布衣，其自织也。所食荞燕麦。”

近代滇东北一带的汉族仍称贫穷者为“干人”。所以，“黑干夷”是当地汉族对“黑倮倮”中的贫穷者的他称，并不是他们的自称。

狆　人

原文

平彝有之。习俗俭约,男女皆事犁锄,短衣长裙,构楼而居,甘犬嗜鼠,病不服药,惟务祭鬼,习俗大约与沙人同。

考释

云南境内的布依族到清初才见于史载,被称为“狆人”或“狆家”。清代散居在当时的曲靖府、广西府和昭通府,其中的平彝县(今富源)为云南布依族的重要分布区域之一。清代的“狆家”包含了今布依族和云南的部分壮族在内。

康熙《广西府志》卷十一《诸彝考》载广西府有“狆家”:“种家,一作‘狆家’,即沙人。性刚直,出入佩刀,善弓好猎,亦善耕种。男穿青蓝两截衣,头戴青帕,跣足;女人如男,束发插簪,戴帕,穿绣衣绣裙。饮食与白彝(摆夷)同。不淫,亦以劫掠为事。但父母亡亦知戴孝,不食肉,为异于诸彝耳。”

乾隆《弥勒州志》卷二十一《土司·附种人》:“种家,一作‘仲家’,即沙人也。性刚直,出入佩刀,善弓弩,好猎,亦善耕种。男穿青蓝两截衣,头戴青帕,跣足;女如男,束发插簪戴帕,穿绣衣绣裙。饮食与摆衣同。不淫,劫掠为事。父母死亦知戴孝,不食肉,差异于诸夷。”

近代泸西、弥勒、邱北、师宗等县皆有壮族,其中即包括一部分“狆家”在内。

康熙《平彝县志》卷三《风俗·种人附》载曲靖府平彝县(今富源)有“狆家”(平彝县的“仲家”被称为“狆彝”):“狆彝,习俗俭约,男女皆事犁锄。服短衣长裙,构楼而居。好食犬鼠,病不服药,惟务祭鬼。相传为宋时因罪投荒者,祀祖犹类华俗,多姓王。”又雍正《云南通志》卷二十四载:“狆人,平彝有之。习俗俭约,男女皆事犁锄,短衣长裙,构楼而居,甘犬嗜鼠,病不服药,惟务祭鬼,习俗大约与沙人同。”平彝县的“狆人”清代还保留着住竹楼、食犬鼠等遗风。近代富源县已无壮族人口,但与富源相邻的宣威县却有一部分壮族人口。

乾隆《东川府志》卷八《户口·附种人》载东川府有“狆家”:“旧志夷之种类有五:……一曰‘苗子’,即狆家。”又说“狆家者,苗之一种也。史及诸书、尤侗《外国竹枝词》皆作‘狆家’,……。”近代会泽、巧家、东川亦有少量壮族人口,即原来的“狆家”。

昭通府有“仲家”。《滇南志略》卷四载:昭通府“狆人,与黔省仲家苗同一族类。……在昭通者,唐以后均隶乌蒙部,本朝改设流官管辖。其人好楼居,习俗大约与沙人同”。

道光《云南通志稿》卷一百八十五引《皇清职贡图》载:“狆人,与黔省狆家苗同一族类。曲靖、昭通与黔接壤,故所属皆有之。在曲靖者,宋时隶摩弥部;在昭通者,唐以后均隶乌蒙部,本朝改设流官管辖。其人好楼居,男子缠头、短衣、跣足;妇女以青布为额箍,如僧帽然,饰以海巴,耳缀大环,衣花布缘边衣裙,富者或以珠缀之,白布束胫,缠足着履。男女皆勤耕作,输赋税。嗜食犬鼠,风俗朴陋。”近代昭通、彝良、鲁甸、镇雄四县境内仍有少部分壮族人口,其中即包括“狆家”在内。

苦　葱

原文

临安、元江、普洱皆有之。性俭，居山崖，种荞稗。男女混杂，不知礼仪，衣服多同糯比。

考释

见“上编　二十二种人考释”之“苦葱”条考释。

喇　乌

原文

临安、景东有之，男如猡夷，衣用棉布；女装如窝泥，短衣桶裙，山居，种植，男善伏水取鱼。

考释

“喇乌”即“喇鲁”，亦作“喇五”“拉乌”。“喇乌”一名始于十七世纪，“喇乌”即是“拉祜”的同音异写。《伯麟图说》《楚雄府志》称拉祜族为“猓黑”，彝族称“拉祜纳”为“大猓黑”，称“拉祜西”为“小猓黑”。拉祜族经过不断迁徙，到十八世纪形成今天的分布区，主要居住在思茅、临沧等地，其中澜沧、孟连两县最为集中。此条中的“喇乌”清代集中在临安府、景东府一带的山区，主要以采集和狩猎为生。

雍正《云南通志》卷二十四记载：“喇乌，临安、景东有之。男如猡夷，衣用棉布；女装如窝泥，短衣桶裙。山居，亦务种植，男善伏水取鱼。”雍正《云南通志》将拉祜族记作“喇乌”。

康熙《新平县志》卷二《新化风俗》说：“喇乌，性多狡诈，居深山茂林，不种田，种棉花，采芦捕猎生理。”农业生产显然不甚发达，采集和狩猎还占经济生活中的一定比重。又说：“喇鲁，性悍，居崖穴，衣麻布，捕山禽野兽度日，差徭赋役俱无。”这里没有明确“喇鲁”系何民族。看来，直到清朝初年，新化州的“喇鲁”仍然比较落后且流动性很大。

道光《云南通志稿》卷一百八十四说："喇鲁，性悍，居岩穴，衣麻布，捕山禽野兽为食，赋役俱无。"又引《伯麟图说》说："亦曰'喇乌'，勤本业，遇人退让。其散处荒僻者，食蜂蛇。永昌府属有之。"据光绪《腾越州志》卷十五的记载，永昌府属境内的"喇鲁"分布在腾越州。这部分"喇鲁"有一部分较先进，而另一部仍然比较落后。又雍正《云南通志》卷二十四说："喇乌，临安、景东有之。"（按，临安府的部分即在新平县，新平县原属临安府，雍正十年始改隶元江府。）雍正《景东府志》卷三说："喇乌，男如猓夷，衣用棉布；女装如窝泥，织棉布，衣桶裙。山居，亦务耕植。男善伏水取鱼。性好客，客至必留食。"道光《新平县志》卷六《土司·种人附》记载："喇乌，男如猓夷，衣用棉布；女装如窝泥，短衣桶裙，性多狡狞。居深山茂林，不耕田，种棉花采芦捕猎生理。"

乾隆《开化府志》卷九《风俗·种人》说："喇乌，多居边地，性愚劣，自为耕织。男女蓬头跣足，面黧黑而身短小，议婚先定礼银数两、耕牛一条，嫁无妆奁。父母兄弟之丧，吹角跳舞宰牛以祭，无孝服，以木编床发尸火之。"

十八世纪时，拉祜族社会仍然是比较原始落后的，《景东府志》记载："以叶构棚，无定居。略种杂粮，取山芋为食，性嗜猎。"《恩乐县志》亦说："多居山，种地而食……男女皆负柴薪、野蔬入市。"从这些记载可以看出，采集、狩猎仍然是社会生活的主要经济来源。十八世纪末，澜沧江东西两岸的拉祜族社会有了很大变化，这些地区的拉祜族普遍开垦梯田，使用犁耕，并有了初期的商品交换，同时封建经济因素开始兴起。

清代的"喇乌"实际上包含了近代云南的拉祜族和哈尼族以及彝族的一部分先民在内。

近代哈尼族中仍有一部分称为"拉乌"，即"喇乌"，或以为是哈尼族中的“拉乌”支系。分布在墨江、红河、元阳等地。据清代记录,“喇乌”的分布区是新平、景东和开化府,与近代的分布状况不甚相符。墨江、红河、元阳的部分,可能是清代记录的失载,也可能是后来从新平、景东迁移过来的。而近代文山(清代的开化府)一带已无“喇乌”,应当是混合入当地彝族中去了。

近代彝族中有一部分自称“腊鲁濮”“腊倮”“阿鲁”,是为彝族中的“腊鲁濮”支系,即清代记录中的“喇鲁”“喇乌”。[①] 主要分布在新平、墨江、普洱、云县、华坪等地。除新平的部分外,其他地方的则是清朝中期以后继续迁徙流动的结果。

① 有的学者认为“喇乌”是“罗罗”“阿武(阿乌)”支系的他称,也有记为“剌鲁”“阿鲁”的情况,分布在临安府。开化府也有称“喇乌”者,但为哈尼族先民。(见王文光、朱映占、赵永忠:《中国西南民族通史》,云南大学出版社,2015年,第356页。)

麦 岔

原文

和曲有之。娶妇以牝牛为聘，吹笙饮酒，担柴荷篑，治生勤苦。

考释

“麦岔”即“摩察”，相关典籍中亦记载为“密叉”“密岔”“木察”等，自称还有“密期”“密且”“米切”。清朝时期，“麦岔”“密叉”皆“摩察”之同音异写。其后人自述是南诏灭亡后从巍山或大理迁来，散居于武定、禄丰一带。清代“摩察”的分布区域开始稳定，并基本形成今天的格局。从唐代南诏时期到清代，彝族“密岔”支系的分布区域从滇西洱海流域逐渐转移扩散到滇中北的滇池流域，即从原来的蒙化扩散及于大理府、楚雄府、姚安府、武定府等地。

康熙《蒙化府志》卷一《风俗》说：“然此种惟蒙（化）境有之，并不与他郡猓猡同。”康熙《武定府志》卷一《风俗》条载：“麦岔，住白沙。娶妇以牝牛为聘，吹笙饮酒，担柴荷篑，治生勤苦。”

清嘉庆时檀萃撰《滇海虞衡志》卷十三《志蛮》载：“又有摩察者，亦黑猡猡也。木弓药矢，射无不获。他处凶悍，惟本处者柔善。一曰‘木察’，一曰‘麦岔’，聘以牝牛，吹笙饮酒，担柴荷篑，治生勤苦。”

乾隆《滇黔志略》卷十五《云南·种人》记述：“麦岔，武定府所属有此种。男女挽发跣足，治生勤苦。娶妇以牝牛为聘，吹笙饮酒。刈草于山，缉而织之，亦名曰‘火草布’。”

道光《云南通志稿》卷一百八十五记载：“和曲（今武定县）有之。担柴荷箦，治生勤苦。”

道光《云南通志稿》卷一百八十五引《皇清职贡图》记载：“麦岔蛮，惟武定府属有之。武定在汉为越巂郡，僰、獇诸蛮所居，麦岔亦其别种。又宋时段氏使乌蛮阿历治其地，名‘罗婺部’，今与罗婺别为二，其居处杂于齐民（汉民），男挽发，短衣跣足，时负米粮入市，勤于治生，输赋惟谨。妇人装束与男略同。娶妇以牝牛为聘，吹笙饮酒。地产火草，可织为布。”

乾隆《易门县志》卷六：“密叉、撒马都，白猓猡别种。此二种与白猓猡习俗言语大同小异。”

清代对“摩察”居于各地的部分，诸史或又称为“麦岔”“密叉”，但均指“摩察”这一氏族集团。“摩察”迁入武定府后改称“麦岔”“密叉”，自称“密期”，汉称“麦插”，属彝族“密期”支系，居于武定、禄劝等地。今天的彝族“密岔”人主要分布于滇中以北的武定、禄劝、禄丰、富民和昆明等彝族居住区。

罗　缅

原文

禄劝之村寨有之，耕种山田，肩挑背负，采薪拣菌，贸易盐米。

考释

“罗缅”为近代哈尼族中的一个支系，来自古昆明族，后迁徙南下，大部分居住在南部的墨江一带，近代南部墨江一带的哈尼族也仍然自称“罗缅”。

据康熙《武定府志》卷一《风俗》载：“猡缅，在和曲（今武定县）之铺西、永北，禄劝之硝井等处为多。耕种山田，肩挑背负，采薪拣菌，贸易盐米。”康熙《禄劝州志》等亦载和曲州、禄劝州、元谋县有“罗缅”。

雍正《云南通志》卷二十四记载：“罗缅，禄劝有之。耕种山田，肩挑背负，采薪拣菌，贸易盐米。”

道光《云南通志稿》卷一百八十五引《元谋县志》记载：“短袴裸肌，别有土语，遇山而蓄。”

看来，“罗缅”早先作为“窝泥”中的一个方言集体，原居于武定、禄劝、元谋一带。后来“罗缅”大部分南下，居于今墨江一带，只有少部分仍然留居在原地。今武定、禄劝仍然有一部分哈尼族人口，只是元谋已没有哈尼族人口。“罗缅”即为近代哈尼族之“罗缅”支系。

卡　隋

原文

元江有之。性顽钝,喜歌舞,男女多苟合,遇娶通媒,议聘金多寡或有至百金者,娶后子孙犹有为祖父偿还。故娶妻之家,若生女喜不自胜,若生数子即以为大累。葬皆火化。

考释

见“上编　二十二种人考释”之“卡堕”条考释。

黑　濮

原文

所居多在威远、普洱江界之间。其人多黑色。男女皆徒跣,不勤洗涤,语言稍似西番,耕山力穑,颇知纺织,多作竹器入市交易。男子剃发为辫,短衣着裤,善操弓矢。女子单衣仅长尺,前不扣合,以彩布为桶裙,其裙蒙乳以至下体,又用五色烧珠与海贝排串为饰束于脐下,两耳穿孔,环以银铜锡。婚聘以牛。丧服白布,葬即除之,其丧皆用木槽。

考释

见"下编　各种人(六十八种人)考释"之"黑铺"条考释。

嫚 且

原文

南中诸志纪皆所不载，姚安有之。尚丑为正月，性好饮而荡，男妇作欢，鸣叶吹薪，弹篾弄枯，则皆音节流畅，合夷曲而杂和之，其声喑然，咿然可听。饮竟月而忘返，不知节用，过此则终岁饥寒，惟寻野草充腹而已。性亦畏疑。

考释

“嫚且”又称作“嫚且蛮”，由唐代“青蛉蛮”的一部分演变而来，至民国时期多通汉语，习汉俗，后被“俚濮”取代。① 据有的学者考证，“嫚且蛮”实为金沙江南北两岸的彝族“俚濮”（或称“俚颇”）族群在清代的一种自称，近代以后多写作“骂且濮”“骂池濮”等。② “嫚且”乃“摩察”之对音，也是彝族“密岔”人的自称“密期”之对音，“嫚且蛮”和“密期”亦属同种。清代对“摩察”居于各地的部分，诸史或又称为“嫚且”“麦岔”“密叉”，但均指“摩察”这一氏族集体，也属彝族“迷撒拔”支系。

乾隆《滇黔志略》卷十五《云南・种人》记述：“嫚且，南中诸志皆不载，今惟姚安有之。姚安，古百濮地，汉时置弄栋、青蛉二

① 朱和双：《清代云南楚雄彝族史料所见“嫚且蛮”考证》，杨甫旺：《楚雄民族文化论坛（第五辑）》，云南大学出版社，2011 年。

② 朱和双：《清代姚安府嫚且蛮的图像记忆与文化认同》，《民族艺术研究》2011 年第 3 期，第 122 页。

县，梁末没于群蛮。嫚且亦诸蛮之别种，男妇皆衣麻布、披羊皮。尚丑为正月，性好饮而荡。男妇作欢，鸣叶吹薪，弹篾弄枯，则皆音节流畅，合夷曲而杂和之，其声喑然咿然，亦可听。”

清嘉庆檀萃撰《滇海虞衡志》卷之十三“志蛮”云：“嫚且，以丑为正月，好饮而荡。男妇作欢，鸣叶吹薪，弹篾弄枯，音节流畅，合夷曲而杂和之，喑咿可听。饮竟月忘返，不知节用。过此则终岁饥寒，惟寻野菜充腹而已。性亦疑畏。”

道光《云南通志稿》卷一百八十五记载：“南中诸志纪皆所不载，尚丑为正月，性好饮而荡。男妇作欢，鸣叶吹薪，弹篾弄枯，则皆音节流畅，合夷曲而杂和之，其声喑然咿然亦可听。饮竟月而忘返，不知节用，过此则终岁饥寒，惟寻野菜充腹而已。性亦疑畏。”

道光《云南通志稿》卷一百八十五引《皇清职贡图》记载：“嫚且蛮，居姚安府，姚安古百濮地，汉为弄栋、蜻蛉二县，梁末没于群蛮，元始内附。蛮人居处与民相杂，男妇皆缠头，衣麻布衣裤，披羊皮，跣足。喜歌嗜饮，男吹竹笙，女弹篾琴，谐婉可听。时携酒入山，竟日忘返。近亦颇知治生，耕山种荞，纳税惟谨。”

清代“嫚且”主要居于姚安府(今姚安县)，以耕种山地为生，向官府交纳赋税。

戛喇

原文

永昌、腾越内外境俱有之。耕种类阿猖,形状似倮猡,凶悍善斗。妇女斜缠锦布于腰,居山巅,户不正出,迎屋山开门,迁徙毋常,不留余粟。

考释

“戛喇”又称“哈刺”“哈杜”“古刺”,为今佤族的一部分。“戛喇”即“古喇”译写之异,是明朝时期“古喇”称呼的延续。分布于滇西南,居住在双江、澜沧、沧源、西盟、耿马等县。

雍正《云南通志》卷二十四记载:“戛喇,永昌、腾越内外境俱有之。耕种类阿猖,形状似倮猡,凶悍善斗。妇女斜缠锦布于腰,居山巅,户不正出,迎山开门,迁徙无常,不留余粟。”

雍正年间永昌府曾管辖腾越州、镇康州、孟定土府,包括今腾冲、德宏、临沧的永德、镇康、耿马的孟定在内,而孟定已属阿佤山区的范围。所以,“永昌、腾越内外境俱有之”,指的是今腾冲、德宏、永德、镇康、孟定等地及这些地方与缅甸连接地带都有,当时均在永昌府管辖的范围内。至近代,腾冲县仍有一部分佤族;镇康、永德的佤族居住区则与孟定和阿佤山区的佤族相连。

清代的“戛喇”分布在“永昌、腾越内外境”,居山岭,种苦荞和杂粮为食,虽然以农业生产为主,但生产技术水平仍然低下,“不用牛耕,惟妇人用钁锄之”,显然还是刀耕火种,因耕作粗放,粮食产量不高，故“不留余粟”。狩猎、采集在经济生活中仍占相当大的比重，虽有寨落，但“迁徙毋常”。纺织手工业似乎仍停留在明朝时期的水平，或稍有提高，故其妇女斜缠于腰者已用“锦布”。与明朝时期的“古喇”相比，农业和手工业生产水平的提高都不明显。

卡　瓦

原文

夷中之顽梗者也。永昌、顺宁东南辣蒜江外有之。貌丑性恶，亦耕种，有寨落。红藤束发缠腰，披麻布。持利刃梭标，于要路窃伏劫掠，行商必结伴多人，兼有保护者，乃敢过。今守御戒严，此风渐止。商贾凡出腾越入木邦买木棉者，必经其地，呼为“卡利瓦”。有生熟二种，生者劫掠，熟者保路。

考释

见“上编　二十二种人考释”之“犿猓”条考释。

小列密

原文

云州有之，刀耕火种，精于射猎，遇雀鼠，弩取而烙食之。

考释

“小列密”又写作“小例密”，即“利米”的一部分，史志古籍称其为“腊米”“六米”“利米”“列米”“倈俐”或“列密”等，从其多变的字形和相对固定的读音来判断，这些称谓显然是音译的结果，而他们自称“俐倈泼”，外人则普遍称之为“俐倈人”，为“㑩㑩”（彝族）中的一部分。清代主要分布于顺宁府所辖的云州（今云县）境内。他们与山为邻，居于山区，固守着独特的生产、生活方式和风俗习惯，少为外人知。

康熙《云州志》卷五《风土考·种人》记载：“小例密，刀耕火种，上山不离弩箭，惯于射猎，遇鹊鼠，以夹弓取之。”

雍正《云南通志》卷二十四《土司·种人附》记载：“小列密，云州有之。刀耕火种，精于射猎，遇雀鼠则以弩取而烙食之。”说明在清代时，“俐倈”的主要生计模式为刀耕火种，喜种植和射猎。

近代彝族中有一部分自称“罗米”，或以为属于彝族中的“腊米”支系，汉族仍称他们为“俐倈”“喇米”“咪里”。主要分布在凤庆、景东、墨江、普洱、江城等地，与清代的记录情况基本相符。凤庆的部分是一直居住在原地者；景东、墨江、普洱、江城等地的部分，则是后来迁徙分散的结果。

狘 人

原文

丽江有之,披树叶为衣,茹毛饮血,无屋宇,居山崖中。

考释

“狘人”即“俅人”,今独龙族,分布在独龙江流域,独龙江又称“俅江”,以江名为族名。“俅”为今天独龙族的他称,独龙族的自称即为“独龙”。大约从清朝中期以后,“俅人”逐渐集中到俅江下游的独龙江流域,因而称为独龙族。

清檀萃撰《滇海虞衡志》卷十三《志蛮》载:“狘人以树叶为衣,茹毛饮血。无屋宇,居山岩中。”

乾隆《滇黔志略》卷十五《云南・种人》记述:“狘人,居怒江大雪山外狘犸地方。原系西域野夷,今或偕怒人抵维西。身裹麻布,茹毛饮血。无屋宇,居山崖中,或披树叶为衣。性最柔懦,地与怒地接壤,不敢越界,怒人暨西域蛮夷率夺其子女为婢仆。”

乾隆《云南通志》卷二十四《土司・附种人》记述:“丽江界内有之。披树叶为衣,茹毛饮血。无屋宇,居山岩中。”乾隆《丽江府志略》上卷《官师略・附种人》记载:“与怒人相近,语言不通。耳穿七孔,坠以木环。”

《滇夷图说》记述:“狘人,居丽江府之澜沧江西,距府约四五百里。其地皆崇山峻岭,削壁悬崖,人迹罕到。生子周岁许,即漆其手足胫股。妇女遍身及面,刺成靛点花纹。蓬头、无衣,各披兽皮,射猎为食。与怒夷约略相似，性情亦同。”

《滇省夷人图说》的记述有所变化：“狳人，居无屋，茹毛饮血，树叶为衣。近知务耕种，常为怒人佣。丽江府俅江外有之。”

《滇省迤西迤南夷人图说》记述：“居怒江，系大雪山外属夷人。与怒子接壤。性最柔弱，不通汉语。男女科头、挽发，束以红藤。采马尾连为生。”《普洱夷人图说》记述与之相似：“居怒江西，大雪山外。系属外夷，与怒子接壤。性情柔弱，不通汉语。男妇科头、挽发，束以红藤。”

嘉庆时期的营制总册《维西夷人图》的记述为：“狳子一种，住居澜沧江、怒江两岸大雪山边，界与怒人地方接壤，系属外域。夷性最柔。男人披发，外披麻布披单，身穿短衣，跣足。女人亦披发，麻布为衣，跣足。男女俱挖黄连。服土弁管，未入版图。”

道光《云南通志稿》卷一百八十五引述《皇清职贡图》记载：“狳人，居澜沧江大雪山（怒山）外，系鹤庆、丽江、西域外野夷。其居处结草为庐，或以树皮覆之。男子披发，着麻布短衣袴，跣足；妇耳缀大铜环，衣亦麻布。种黍稗、劚黄连为生。性柔懦，不通内地语言，无贡税。更有居山岩中者，衣木叶，茹毛饮血，宛然太古之民。狳人与怒人接壤，畏之不敢越界。”《皇清职贡图》中的记载多为康熙年间情况。其时“俅人”的居住区虽与“怒人”相接，但却不敢越出自己的氏族或部落界线，说明在他们中间，氏族、部落界线的划分仍然是很严格的。

道光《云南通志稿》卷一百八十五引述《伯麟图说》记载：“近知务耕植，常为㣽人佣工，丽江府狳江外有之。”《伯麟图说》写于清嘉庆年间，与《皇清职贡图》成书时间已相距一百三十年左右。在此期间，“俅人”中的一部分迁至俅江以北，到达今维西一带，与当地的“怒人”杂居在一起，因而渐知“务耕植”，且“常为怒人佣工”。“俅人”中的大部分则仍然居住在“丽江府猓江外”,即今贡山县境内。

近代独龙族的居住区,除了贡山县之外,仅维西县还有一部分。

独龙族在历史上受到多重剥削和压迫,社会地位很低,社会经济发展极为缓慢,生产力水平很低下。清代“俅人”中的大部分“种黍稗,劚黄连为生”,农业生产发展水平仍比较低下,还同时从事采集。“近知务耕稙”,农业生产显然是从清朝初年才开始发展起来。手工业生产仅能织造粗麻布,在生产力极为低下的条件下,当然不可能出现社会内部的贫富分化和阶级剥削,所以“无贡赋”。有一部分甚至“居山岩中,衣木叶,茹毛饮血”,生产、生活仍然处在比较原始的社会阶段当中,因此有的史志称他们“宛然太古之民”。由于在生产、生活的各方面仍相对落后,所以原始的氏族、部落制度残余仍然在“俅人”中很牢固地保持着。氏族和部落对他们自己和对别人都是一种严格的界限,不经允许谁也不许超越。所以,他们的居住区域虽与怒族相连接,但却不敢越界。其社会生活还处在原始社会末期阶段。

利　米

原文

顺宁有之。男子好衣皂,面黄黑,善弩猎;每射雀得之,即为生啖;女分辫赤足,外出常披花布,以蔽其身。

考释

"利米"亦称"利米蛮""俐米人",自称"六米",为"倮倮"(彝族)中的一部分,清代主要分布于顺宁府(今凤庆)、普洱府属威远厅(今景谷)境内。他们长期与"蒲蛮"(布朗族)共同杂居,因而在某些方面已"颇类蒲蛮"。

"利米"是汉晋时期滇西昆明族中的一部分,南诏、大理国统治时期为西部"乌蛮"中的一部分。元朝以前,这部分"倮倮"("利米")与蒙化州(今巍山)的"倮倮摩察"有着较为密切的联系,其自称为"利米"。元朝以后,部分"利米"向东南部流动,清朝雍正年间到达普洱府辖境内。成书于乾隆二十六年(1761)的《皇清职贡图》对"俐米"的记载较为详细:"利米蛮,状貌黝黑,颇类蒲蛮。宋以前不通中国,元泰定间始内附,聚处顺宁山箐中。"元泰定年间(1324—1328)在庆甸(今凤庆)一带设置顺宁府,当地的"倮倮"即与"蒲蛮"一起被纳入顺宁府的管辖范围内。显然,元代顺宁府境内的"倮倮"即"利米"。①

① 白仲和:《元江彝族族源初探》,2009年2月6日,彝族人网(www.yizuren.com/yistudy/yxyjjx/20183.html)。

乾隆《滇黔志略》卷十五《云南·种人》记述:“利米,貌黄黑,颇似蒲蛮。其种类惟顺宁有之,亦百濮之苗裔也。自周以后不通声教,元泰定间始与诸蛮归顺。深居山箐,善弩猎。每射雀得之,即生啖。男子戴篾帽,腰系花包。妇头裹皂布,短衣跣足。性愚朴,俗不知拜跪。”

顺宁府(今凤庆)的“利米”。康熙《顺宁府志》卷九《彝俗》:“顺宁有之。男子好衣皂,面黄黑,善弩猎,每射雀得之,即为生啖;女子分辫赤足,出外常披花布,以蔽其身。”

道光《云南通志稿》卷一百八十五记载:“顺宁有之,男子好衣皂,面黄黑,善弩猎,每射雀得之,即为生啖;女子分辫赤足,出外常披花布,以蔽其身。”

道光《云南通志稿》卷一百八十五引《皇清职贡图》记载:“利米蛮,状貌黝黑,颇类蒲蛮。宋以前不通中国,元泰定间始内附,聚处顺宁山箐中。男子戴竹丝帽,着麻布短衣,腰系绣囊,善踏弩,每射生得之,即啖。性愚朴,不娴拜跪礼。妇女青布裹头,短衣跣足,时出樵采,负薪而归。刀耕火种,土宜荞稗。”

普洱府的“利米”。道光《普洱府志》卷十八《土司·种人》说:“威远有之。性朴,最嗜酒,好畜羊豕。男子耕种,多善弩猎,射得鸟雀即生啖之。妇女种麻织布,男衣麻布短长裤,女衣麻布长衣,俱跣足。婚丧悉如汉民。每年秋后,宰牲祀神,吹笙跳舞而歌,谓之‘祭庄家’。”即普洱府属威远厅(今景谷县)有“利米”。道光《云南通志稿》引《宁洱县采访》说,宁洱县(今普洱)也有“利米”。

威远厅的“利米”。《宁洱县志》记载:“利米,威远有之。性朴,最嗜酒,好畜羊豕,男子耕种,又善弩猎,射得鸟雀即生啖之;妇女种麻织布。男衣麻布短衣裩;女衣麻布长衣,俱跣足。婚丧悉如汉民。每年秋收后,宰牲祀神,吹芦笙跳舞而歌,谓之‘祭庄稼’。”

近代彝族中有“腊米”支系，其自称仍为“罗米”，汉族称之为“唎米”“喇米”“倈俚”。主要分布于凤庆(顺宁)、景东、墨江、普洱、江城等地，即为“利米”部落之后裔，与清代的记录情况基本相符。

据新平县民族概要记载，今新平县的莫沙、平掌、联合、松山等乡镇及村委会有相当数量的彝族支系“咪哩”居住。今天，元江的彝族中已经没有“咪哩”这个支系，但不难看出，现在的“咪哩”，昔日是“利米”居住的村子，因为汉族人把“利米”称之为“咪哩”，所以“咪哩”的地名由此而来。①

① 白仲和:《元江彝语地名探讨》,2009 年 2 月 6 日，彝族人网(www.yizuren.com/yistudy/tygzykc/20370.html)。

大猓黑

原文

云州有之。黑陋愚蠢，食荞稗为上品。其余树皮、野菜、藤蔓及蛇、虫、蜂、蚁、蝉、鼠、禽、鸟，遇之生啖。不葺庐舍，崖居野处。

考释

“大猓黑”即“大倮黑”，为“倮黑”中的一部分。“倮黑”又称“野黑”，直到清初才见于记载，是清代史籍中对拉祜族名的音译，“倮黑”乃“拉祜”的同声字，译写不同而已。与拉祜族在历史上有密切关系的彝族，称“拉祜纳(黑拉祜)”为“大倮黑”。

拉祜族与彝族、纳西族等同源于古代氐羌族系。作为单一族体以“锅挫蛮”之称始见于《新唐书》。宋时，其先民脱离大理政权，大规模南迁。元、明两代多为傣族土司统治。清代主要分布于顺宁府(今临沧市)境，尤多聚居于澜沧。普洱、楚雄亦有分布。受清朝地方政府管辖。清末曾在今澜沧设镇边厅。

康熙《云州志》卷五《风土考·种人》说：“大猓黑，黑陋愚蠢更甚。勤于务耕，以所食荞稗即为上品，其余草子、芭蕉、树枝、野菜及葛根、蛇虫、蜂蚁、蝉、鼠、竹鼠、禽鸟，遇之生啖。不葺庐舍，崖居野处，与野人同。”

道光《云南通志稿》卷一百八十三引《伯麟图说》记载：“性蠢愚，穴居野处，拾荑稗，不足，采瓜蔬捕狚麋以佐食。顺宁府属有之。”

清代顺宁府领州一、县一、宣抚司一、长官司一，即云州（今云县）、顺宁县（今凤庆）、耿马宣抚司（今耿马、沧源）、孟连长官司（今孟连、西盟、澜沧），又有缅宁通判，辖今临沧、双江二县之地，皆属顺宁府。顺宁府境内的“倮黑”，散布在所辖各州、县、司境内，分别与“蒲人”（布朗族）、“百夷”（傣族）普遍杂居。但“倮黑”多居山箐间，而“百夷”则住在平坝。

小猓黑

原文

习尚与大猓黑同,但形状差小。

考释

“小猓黑”即“小倮黑”,为“倮黑”中的一部分。风俗习惯与“大倮黑”相同,可能因体形上比“大倮黑”矮小,故称之为“小倮黑”。“倮黑”直到清初才见于记载,是清代对拉祜族的称呼,“倮黑”乃“拉祜”的同声字,译写不同而已。与拉祜族在历史上有密切关系的彝族,称“拉祜西(黄拉祜)”为“小倮黑”。

道光《云南通志稿》卷一百八十三引《古今图书集成》:“小猓黑,顺宁府有之。习尚与大猓黑同,而形体差小。”

康熙《云州志》卷五《风土考·种人》说:“小猓黑,形体差小,习尚与大猓黑同。”

康熙《楚雄府志》卷一《风俗》说:“猓黑,居深箐,择丛篁蔽日处结茅而居,遇有死者,不殓不葬,停尸而去,另择居焉。”

清代有一部分“倮黑”聚居于楚雄府所属的广通县(今属禄丰)和南安州(今双柏)一带的山区,保持着古老的原始生活方式。他们是依旧留在北部的少部分,而同族中的绝大部分,早已迁到南部的顺宁府(今临沧)和普洱府(今普洱)一带去了。近代广通、双柏一带已没有拉祜族人口居住,可能是清朝中期以后又“另择居焉”而最终迁移到南部去了。

野　人

原文

居无屋庐，夜宿于树巅，赤发黄睛，以树皮毛布为衣，掩其脐下，首带骨圈，插鸡毛，缠红藤，执勾刀大刃采捕禽兽，茹毛饮血，食蛇鼠，性至凶悍，登高涉险如飞，逢人即杀。在茶山李麻之外，去腾越千余里，无约束，二长官为所戕，贼避之滇滩关内。旧志称：寻甸崖谷野蛮以木皮蔽其身，形貌丑恶，男少女多，持木弓以御侵暴，不事农亩，采山中草木及动物而食，无器皿，以芭蕉叶籍之，今寻甸实无此种。考《唐书》所称：阁罗凤降寻传蛮，其西有“祼蛮”，亦曰“野蛮”，漫散山中，无居长，妇或十、或五共养一男子，旧志或本于此。然寻传与骠国同降阁罗凤，骠国即缅也。野蛮又在其西，其非寻甸可知。又粤西狼人居深山，食无釜甑，以竹节盛米，缚而焚之，竹爆而炊熟，采蜈蚣、蛇、虫杂食之，谓为嘉馔，其余与前略同。间有流入广南者，岂先时亦流入寻甸，今屡用兵其地，遂无噍类呼！

考释

“野人”即南诏时期的“裸形蛮”，从宋元至明清，其生产生活方式变化不大，仍处于原始社会的采集狩猎阶段。清朝时期，景颇族中的一部分在史书记载中被写作“野人”或“野蛮”，为今景颇族中自称“景颇”和“喇期”两个支系的先民。“野人”或“野蛮”也是氐羌系统民族，是乌蛮支系中发展最为缓慢的部分，所以才被汉族称为“野蛮”。据民族史学家尤中先生的研究，所谓“野人”是指景颇族中相对落后的一个支系。其活动区域大抵在今腾冲、龙陵以西的中缅边境一带。

《滇省夷人图说·野人》:"野人,赤发黄目,夜宿树巅,取动物以食,涉险如夷。永昌府属腾越有之。"图像上绘有两个人物,左侧一人背负猎物,右侧一人肩扛长矛。两人都赤裸上身,赤脚行走在山野坡道上。

道光《云南通志稿》卷一百八十七引《巧家厅采访》记载:"俗称曰'打冤家',其婚丧事故,则烹羊酾酒,群聚欢呼,若日用细节,则渐习汉俗。"①

清朝时期被称为"野人"的部分,在生产生活各方面都较之同族中称为"结些"的部分落后。《滇南志略》称之为"化外野夷,不听教化",到清末还处于游动的状态,生产生活水平很低。据康熙《永昌府志》卷二十四《土司·种人》说:"野人,居无屋庐,多有茅棚,好迁移,赤发黄睛,以树皮毛布为衣掩其脐下,首戴骨圈,插野鸡毛,缠红藤,执勾刀大刃猎捕禽兽,食蛇鼠,性悍恶,涉险峻,在茶山、里麻之外,有离腾千余里者,有离腾三百里者,其防御界限之处名曰'滇滩关',有土巡检,有把事,有防汛兵。"据此载,则清代永昌府辖境之内(包括"百夷"土司区)的"野人"数量有了明显增多,但农业、手工业发展水平不高,经济生活的一部分还得依靠狩猎和采集。内部的阶级分化也不明显。当然,生活水平较之明代亦略有提高。由于这部分景颇人相对较为落后,所以直到新中国成立前,云南的

① "打冤家"是旧时大小凉山彝族家支间或家支内部的血亲复仇,彝语音译"吉尼吉舍",意为"冤家械斗",汉语俗称为"打冤家"。由于居住在东川府巧家厅的"野人"与凉山彝族先民有共同的打冤家习俗,故又被他称为"打冤家"。(见王文光、龙晓燕、李晓斌:《云南近现代民族发展史纲要》,云南大学出版社,2009年,第153页。)

景颇族还被其他民族称为“野人”,他们世代居住的家园被称为“野人山”。

元、明、清时期,史载所谓之“野人”,其大部分指缅甸克钦邦的克钦族,他们原来也和“遮些”一样,主要分布在孟养一带,明万历年间以后,有一部分“野人”自孟养一带向东南迁徙,其中一部分进入云南境内的永昌府属“百夷”土司地区,后来组成景颇族中的一部分,即近代景颇族中的“景颇”支系和“喇期”支系。

喇　记

原文

开化。

考释

“喇记”在清代史载中又作“喇猤”“拉鸡”“那机”，均为同音异写。何以称为“喇记”，则不得而详。“喇记”为清代开化府境内的土著居民，为居住于今文山、马关、麻栗坡一带之“僚人”的后裔，后来融合入今文山一带的壮族中。

《滇夷图说·喇记图说》：“其类在开化府。性狡好杀，叛服不常。男子头插鸡翎，衣花布短衫。妇冠布帽，衣无带钮，以花布束之，下穿桶裙。随山耕种荞麦，居无定止。”

“喇记”在后来被称为“白喇鸡”或“白腊鸡”。《滇省夷人图说·白喇鸡》：“性鲁，貌黑，服绛绿衣，男女勤耕牧。山虫水蛇皆能食也。开化府边界有之。”

道光《云南通志稿》完整引述，称为“白腊鸡”，其图像与《滇省夷人图说·白喇鸡》相似，男子挥锄，女子耕种。二人中间一男子席地作食蛇状。“喇记（白喇鸡）”从《滇夷图说》的“性狡好杀，叛服不常”改变为“性鲁”，添加了原先没有的饮食细节“山虫水蛇皆能食”，这一细节说明“喇记”仍有野性残留，其活动区域则从开化府迁移至“开化府边界”。①

① 李立、史青：《清代云南“夷人图说”研究》，中华书局，2021年，第156页。

乾隆《滇黔志略》卷十五《云南·种人》记述:“剌鸡,亦交州苗裔。种类有二,其先均隶交酋部落,因与三部毗连。本朝国初置开化府,此种彝人住居府属逢春里之极边。一种性凶戾好酒,男善枪,女善弩,凡交地守关守厂,尽属此辈;一种性野悍,环眼黑面,男妇尽穿五色衣裤,山虫、水蛤、蛇鼠之类,尽攫取生食。雍正八年,钦奉命旨,以边地四十里赏给安南,此种丑类,已为外藩彝人。”

又据乾隆《开化府志》卷九《风俗·种人》:“喇猓,性愚顽,居深山,火耨刀耕。男子宽博大袖,垂髻于脑后。女人以五色毛线为衣,上作井口,自头罩而下。婚无媒妁,丧用火化。喜食百虫。此种多从交趾流入。”

所谓“此种多从交趾流入”,当指清雍正年间,有部分“喇猓”自今麻栗坡县向南至中越边境附近的都龙一带内迁。实际上,开化府(今文山州)中部、北部均有“喇猓”居住。由此看来,“侬人”“沙人”“土僚”之聚居区,最初的居住区偏东,即居于今滇、黔、桂相连地带;“喇记”则主要居于开化府南部,即今文山、马关、麻栗坡一带。后来“侬人”“沙人”群体逐渐向西南扩散,并融合了“喇记”。因此,“喇记”(“喇猓”“拉鸡”“那机”)应是壮族先民中的一个地方性小集体,而最终却与壮族中的“侬人”混合了。

孔答　喇五　比苴　菓葱

原文

俱在新平。

考释

孔答

“孔答”为“窝泥”（今哈尼族）中的一部分，清朝时期分布在新平县境内。雍正《云南通志》最早将“窝泥”中的一部分记作“孔答”，这反映了“窝泥”中还存在许多不同的名称，是原始氏族、部落名称的残留。名称的复杂多样，反映了哈尼族内部各个部分之间政治、经济、文化发展的不平衡。

雍正《云南通志》卷二十四说：“孔答、喇五、比苴、菓葱俱在新平县。”

《滇夷图说·孔答图说》：“在新化州。服粗麻布短衫，加羊皮于上，其袴长不过膝，佩刀，好斗，耕种持标自卫。性狡捍难治。”

新平县始设于明万历十九年（1591），属临安府管辖，雍正十年（1732）始改隶元江府。“孔答”即分布在新平县境内。

喇五

“喇五”即“喇乌”，亦作“喇鲁”，为今拉祜族、哈尼族中的一部分（一说属彝族的“腊鲁仆”支系，分布于滇南地区）。清代分布在新平县、景东府和开化府。民族史学家尤中教授认为乾隆《云南通志》中说的“喇五”即“喇鲁”，亦作“喇乌”，分布在东起临安府新平县，中经景东府，西达永昌府腾越州的区域。①

临安府的部分即在新平县。康熙《新平县志》卷二《新化风俗》说：“喇乌，性多狡诈，居深山茂林，不种田，种棉花，采芦捕猎生理。”农业生产显然不甚发达，采集和狩猎还占经济生活中的一定比重。

道光《新平县志》卷六《土司·种人附》记载：“喇乌，男如猓夷，衣用棉布；女装如窝泥，短衣桶裙，性多狡诈。居深山茂林，不耕田，种棉花、采芦、捕猎生理。”

《滇夷图说·喇吾图说》：“服食与㑩㑩同。性狡好斗，行住标弩自随，稍不如意，身命罔惜。居哀牢、王弄之间，刀耕火种，随水草迁移。无部长，好巫禳。叛服不常，出没无时。在新化州，为野贼役使。”

有的学者认为：在乾隆《云南通志》中，“喇鲁”与“喇乌”为两种夷人，前者没有说明居住地区，后者“临安、景东有之”，二者生活习性不同。在《滇夷图说》中“喇鲁”“喇吾”为两种夷人，前者“居新化州”，后者一部分“居哀牢、王弄之间”，一部分“在新化州”，二者的习性也不同。道光《云南通志稿》的“喇乌”条引《新平县志》，似乎说明新平县的“喇乌”可能即是新化州的“喇吾”，“喇吾”与“喇乌”可能是同一种夷人的不同写法。然而对照乾隆《云南通志》的“喇乌”条与《滇夷图说》的“喇吾”条，二者的分布区域和生活习性并不完全相同。所以不能判定“喇乌”即“喇吾”。②

① 尤中：《尤中文集》（第3卷），云南大学出版社，2009年，第232页。

② 李立、史青：《清代云南“夷人图说”研究》，中华书局，2021年，第147—148页。

景东的部分则介于临安府与永昌府之间。雍正《景东府志》卷三说："喇乌，男如猓夷，衣用棉布；女装如窝泥，织棉布，衣桶裙，山居，亦务耕植。男善伏水取鱼。性好客，客至必留食。"乾隆《云南通志·土司·种人附》："喇乌，临安、景东有之。男如摆夷，衣用棉布；女装如窝泥，衣桶裙。山居，亦务种植。男善伏水取鱼。"

乾隆《开化府志》卷九《风俗·种人附》说："喇乌，多居边地，性愚劣，自为耕织。男女蓬头跣足，面黧黑而身短小，议婚先定礼银数两、耕牛一条，嫁无妆奁。父母兄弟之丧，吹角跳舞宰牛以祭，无孝服，以木编床发尸火之。"

永昌府辖境内也有一部分。道光《云南通志稿》卷一百八十四引《伯麟图说》说："喇鲁，亦曰'喇乌'。楼居近水，牛羊豢其下。勤本业，遇人退让。其散处荒僻者，赋役俱无。食蜂蛇。永昌府属有之。"

近代哈尼族中仍有一部分称为"拉乌"，即"喇乌"，或以为是哈尼族中的"拉乌"支系。分布在墨江、红河、元阳等地。依据清代记录，"喇乌"的分布区域是新平、景东和开化府，与近代的分布状况不甚相符。墨江、红河、元阳的部分，可能是清代记录的缺失，也可能是后来从新平、景东迁过来的。而近代文山（清代开化府）一带已无"喇乌"，应当是混合入当地彝族中去了。

比苴

"比苴"又写作"北苴"，为"窝泥"（今哈尼族）中的一部分，清朝时期分布在新平县境内。

《滇夷图说·北苴图说》："出新化州。居缘山箐，支木覆茅为庐，人畜同处。善弓弩，夜无床褥，卧地煨火待旦。茹荞，食虫鼠。或竹签或松条刳鸡骨插窍，或海贝搅钱，以占吉凶，其卜最验。交易凭木刻为券。葬用火化。"

雍正《云南通志》卷二十四说："孔答、喇五、比苴、菓葱俱在新平县。"

菓葱

"菓葱"乃"锅挫"的同音异写。清朝时期分布在新平县境内，"菓葱"是南诏、大理国时期"锅挫蛮"中的一部分、哈尼族中的"哥搓"支系。

《滇夷图说·菓葱图说》："即黑猡猡之别种，性强悍，好酒贪财，衣火麻、羊皮，长不覆体。面垢身黑，佩弩盾，弋取禽兽。择山而耕，随地以处。婚配以牛羊相易。葬无棺，以火焚其尸。野贼剽劫，则附之。新平、新化有焉。"

道光《云南通志稿》卷一百八十五引《皇清职贡图》说："苦聪，爨蛮之别种，今临安、元江、镇沅、普洱四府有此种。"

"苦聪"亦即"锅挫"，道光《云南通志稿》卷一百八十四又引《伯麟图说》说："野古宗，貌深黑，于岩石崒屼处与麋鹿伍，无室庐也。镇沅州及元江有之。"此"野古宗"即"野苦聪"，是原"锅挫蛮"中的一部分，他们直到清朝时期仍然比较落后，因此被统治阶级冠之以"野"。"野古宗"显然是保持唐初以来"锅挫蛮"生活习俗最多而变化较小的一个部分。"苦聪"是"锅挫"这个民族名称的直接继承者。近代"苦聪"中的一部分与拉祜族相近，另一部分与哈尼族相近，而且在哈尼族中也有一部分自称"哥搓"，亦即"锅挫"。所以，唐初的"锅挫蛮"实际上包括了近代云南南部的"苦聪"人和拉祜族先民及哈尼族中"哥搓"支系的先民在内。唐初以后，"锅挫蛮"集体逐渐向南移动，在分化发展的过程中，其中的一部分形成拉祜族，一部分形成哈尼族中的"哥搓"支系，一部分则保留了古老的民族名称——"锅挫"，形成"苦聪"人。

阿　成

原文

王弄山

考释

清代记录中的“阿成”即“阿者”,为“阿者倮倮”(彝族)中的一部分。清朝初年分设开化府时,王弄山之地归入开化府,故清代开化府境内仍有一部分“阿者”,且记录中依旧写作“阿成”“阿车”“阿蝎”。

《滇苗图说·阿成图说》:“阿成,在王弄山,凶悍好斗,枪刀随身不释。觅鸟兽虫鼠生啖之。出没不常,亦鲁奎野贼之属类耳。”

《滇省夷人图说·阿成》:“勤俭畏法。婚必以羊、酒。娶时,挹瓢水,倾女足前,谓之‘压性’。开化府属有之。”

开化府的“阿成”。乾隆《开化府志》卷九《风俗·种人》说:“阿成,性怯懦,畏汉人,质朴行俭,暇则网鱼弋鸟。每就食田间,必负薪以归。妇人不事银饰,婚娶以牛成礼,丧尚简略。麻衣草履,盖夷类之最可悯者。”“阿者,衣服与猓猡同。婚丧葬祭皆同。”

道光《云南通志稿》卷一百八十五引《伯麟图说》:“勤俭畏法,婚必以羊酒,娶时挹瓢水倾女足前,谓之‘压性’。”

近代彝族中有自称为“阿哲濮(阿格濮)”的部分,他称“阿哲”,原为地名,后演变为部落、支系名,或以为属于彝族中的“阿哲”支系。汉族仍称他们为“阿哲”(即“阿者”“阿蝎”)或“阿车”

（亦即“阿成”），主要分布在弥勒、开远、易门、通海、双柏、新平、华宁等县，部分与古代记录相符，部分则是后来继续流动的结果。弥勒的部分是仍然居住在原地者；易门的部分已见于清代记录；双柏、新平的部分可能是迁入的时间较晚，故未见于明、清时期的记录。上述各地之外，明、清记录中其他地方的“阿者”，至近代已混合入同区域内彝族的其他部分之中。

附　录

滇夷图：云南古代民族的生动画卷＊

郑　宇

中国幅员辽阔、民族众多，“内外藩夷，输诚向化，其衣冠状貌各有不同”。为了便于民族识别，掌握诸边“外藩”“内夷”的情况，加强中央对边疆的有效经营和治理，历代封建王朝都高度重视“职贡图”的绘制。这类历史文献反映了国内各民族或国外入贡使者向内地王朝尽职纳贡的臣服关系，正是“普天之下，莫非王土；率土之滨，莫非王臣”的真实写照，也是我国自古以来就是一个统一多民族国家的象征。

“职贡图”的绘制因历代统治者为了宣扬其疆域之广、怀来之盛，强化中央与地方的隶属关系，处理好与周边民族的关系而逐渐形成一种定制和传统。其中又以清代最为兴盛。特别是在乾隆皇帝的大力倡导下，西南各民族地区的官宦文人或临书描摹，或深入滇黔，丹青描绘“苗蛮”“滇夷”的人物形状，并配合文字叙说当地的风土人情，从乾隆初年至民国时期蔚然成风。各种少数民族图像作品如“百苗图”“苗蛮图”“滇夷图”“黎民图”“番俗图”等纷纷出现，其风格各异、形式多样、种类繁杂。

在众多少数民族图像中，云南的“滇夷图”独具一格、自成体

＊本文原发表于《兰台世界》2016年第8期，收入本书有增补修改。

例，与贵州的“苗蛮图”齐名并行，被誉为“云南各民族的古代生活实录”。“滇夷图”是对云南少数民族图像古籍的统称，大多形成于清代，其特点是绘图著说、图说兼备、图文并茂。策划人有总督、巡抚，也有流官、土司；编绘者有当地画师，也有民间丹青高手；名称有图说、图谱，也有图志、图赞；图幅有长短画卷，也有大小图籍；内容有夷人图，也有舆地图；版本有原本、副本，也有传抄本、改绘本；画法有白描，也有彩绘；材质有纸张，也有绢帛。

据粗略估计，流传至今的“滇夷图”不下数十种，主要收藏在国内外图书馆和博物馆中，部分高校、科研机构和个人也有收藏。这些传本的创作年代不一、流传背景复杂，可谓是五花八门，名目繁多，其题名、版式、条目、图景、文字、书法、绘画等均有差异。现存年代最早的“滇夷图”是被誉为“南天瑰宝”的《南诏图传》（又称《南诏中兴二年画卷》《南诏中兴国史画卷》），绘制于南诏舜化贞中兴二年（唐昭宗光化二年，899 年），距今已有 1116 年的历史，原件现藏日本京都藤井有邻馆。《南诏图传》分为文字卷和图画卷两个部分，文字卷内容为“观音七化”的故事，描述巍山蒙氏王族因敬佛而兴国，并附有南诏国末代皇帝舜化贞的敕文和王奉宗、张顺两位官员听命于皇帝的敕令；图画卷原作有《观音梵化故事图》《祭铁柱图》《南诏国王礼佛图》，补绘有《大义宁国国王杨干贞礼佛图》、《西洱河图》（即《洱海鱼螺受困图》）。《南诏图传》被公认是云南现存最古老的纸质绘画艺术珍品，也是唐代留传下来的唯一一幅少数民族轴画卷，其中的画卷部分可视为我国最早的连环画卷。画卷中的《西洱河图》（亦称《洱海图》）是云南最古老的一幅地形图。该图根据南诏神话传说绘制，用各种颜色形象逼真地绘出了双蛇，又绘有一鱼一螺困于蛇体内，在洱海周围还标注了东、南、西、北四个方向以及江河的名称。

“滇夷图”大多形成于清代中晚期，最早的一件题为《滇夷图说》，据考证当为明代《云南诸夷图》的增补抄绘本，成书在康熙、雍正年间，现存台湾“中研院”历史语言研究所，该图册还有《苗蛮图》《滇省民族图说》《西南少数民族图册》等几种抄绘本；最晚的一册是《大理府浪穹县所属地方风土人情及舆图清册》，成书于清光绪三十四年（1908），现藏国家图书馆。据有关专家考证，《滇夷图说》《云南营制苗蛮图册》《滇省迤西迤南夷人图说》《滇省夷人图说》是4部成书年代清楚、今仍存世的重要“滇夷图”。①《云南营制苗蛮图册》收录夷人图67张，《滇省迤西迤南夷人图说》绘制于乾隆五十三年（1788），署名贺长庚，记夷人名目44种。此外，清末来华西洋人留下的“西式滇夷图”也有特别的价值。如19世纪70年代法国海军军官、探险家马利·安邺（Francis Garnier）率队考察云南，写下有名的《印度支那探险记》，书中刊载的《景洪民族图》《云南民族图》是清代后期云南少数民族的真实记录。

“滇夷图”中收录最全、声誉最高、影响最大的一种俗称《伯麟图说》。这是满洲正黄旗人、清代大学士伯麟（1747—1824）在任职云贵总督期间，于嘉庆二十三年（1818）奉圣谕绘制并领衔上奏当朝皇帝的一部图说奏章，史籍中多称《伯麟图说》。这部官修图册成于众人之力，堪称清代中叶对云南民族状况的一次大规模调查和识别，可视其为传统“滇夷图”的集大成者。“《伯麟图说》所绘的滇省夷人名目达到108种，比《皇清职贡图》多出70种；道光《云南通志》有‘种人图’141幅，有100种是来自《伯麟图说》，

① 祁庆富、李德龙、史晖：《国内外收藏滇夷图册概说》，《思想战线》2008年第4期。

可见其影响之大。”[①]《伯麟图说》作为官方图册，在道光《云南通志稿》中被大量引用，此后即消失在历史的视野之外，其真相长期不为人知，以致学界普遍认为其书早已散逸无存，被视为“佚书”。但近年来，有学者发现《伯麟图说》不仅依然存世，而且有多种传本，如《滇省夷人图说》（上下册，现藏中国社科院民族学与人类学研究所）即为目前已知最早的《伯麟图说》原本的副本、抄绘本或改绘抄本，三者必居其一。该图册充分体现了“滇夷图”中夷图、舆图合二为一的特色，其中的“山川人物”（即“夷人图说”）收图 108 幅，附有伯麟题写的长达 1848 字的跋文，另外还有一部与之配套、式样一致的《滇省舆地图说》（即“设险经野”）55 面，亦彩绘，收录云南舆图及图说 22 种，一种为云南全省舆图及云南省总图说，其余 21 种为各府及直隶州舆图及图说，体例上以云南府、迤东、迤西、迤南地域为序编排。[②]这两部图册为我们留下了近 200 年前关于云南民族文化及社会生活的表征图像，充分展现了清代中期云南的民族分布及文化习俗、风土人情等社会风貌，如实记录了清政府处理云南民族关系的重大举措，为研究民族史、民族学、人类学、社会学、地理学以及清代云南政治、经济、军事、文化、艺术等诸多领域提供了一份不可多得的珍贵史料。

受《伯麟图说》将夷人图与舆地图结合形式的影响，后世云南还出现了一批府级图册，如光绪年间的《蒙化所属汉夷风俗及各种夷蛮情形分类图册》《大理府浪穹县所属地方风土人情及舆图清册》《云南永昌府永平县属风土人情汉夷耕读各类清册》《维西夷

① 孙景超：《台北故宫博物院藏〈云南舆地图说〉考论——兼及〈伯麟图说〉的版本与流传》，《文献》2022 年第 4 期。

② 叠翠：《〈伯麟图说〉依然存世？》，《中国民族报》2007 年 4 月 13 日，第 7 版。

人图旧画本　维西舆地图旧画本》等,也采用了这种表现形式。[①]

云南大学图书馆珍藏的《云南种人图说》也是《伯麟图说》的传本之一,约成于清光绪十八年(1892)或之前,正文共收录清代云南少数民族名目22种和图画22幅,右图左文,图画为彩绘,图幅宽18.3厘米,高26.3厘米,文字为竖行楷书,字体工整。图册还在22篇题图文字和22幅彩绘图画后附“各种人”,用文字简介了68种人,主要介绍每一种人的族系分布、衣食住行、生活习性等,与正文部分有交叉,对正文起补充作用。

“滇夷图”中收录的云南少数民族种类多少不等,多的百余种,少的几十种,其覆盖范围虽不尽全面,但对世居民族或其支系的介绍甚详。构图精巧别致,人物形象栩栩如生,衣物线条流畅细腻。树木先以墨笔勾出,再染上绿汁。画面虽简,却颇为传神,寥寥几笔,每个民族或其支系的真实风貌及特点、生产生活习俗等便跃然纸上。文字说明简洁明了,文笔精炼,书写工整。不仅简要介绍各民族(分支)的族名、族属、分布、衣着、饮食、居住、出行、娱乐、宗教、习俗、禁忌等风土人情,而且注重各民族(分支)服饰、样貌、性格特征的描写,直观、生动、形象地展现了古代云南各民族从事耕种、畜牧、渔猎、纺织、婚嫁、丧葬、节庆、祭祀、交易等社会活动的场景。

从史料价值上看,“滇夷图”几乎包含了云南各民族的部落、种类、居处、习性、音乐、歌舞、风俗、农耕、渔猎、商业、贸易等各个方面翔实丰富而具体生动的内容,图绘中留存的各民族传统文化表现形式,亦是今日我们保护和传承非物质文化遗产的宝贵依据。

① 孙景超:《台北故宫博物院藏〈云南舆地图说〉考论——兼及〈伯麟图说〉的版本与流传》,《文献》2022年第4期。

以《伯麟图说》为代表的“滇夷图”，可以说是一部读不完的百科全书，它不仅真实地反映了近代各民族的衣食住行、婚丧嫁娶、风俗习惯等文化现象，也忠实地记录着各民族的伦理道德、宗教信仰、节庆礼仪等精神风貌。今日，解读这些图像符号自身表达的意图和被表征物之间的复杂关系，阐释其在特定语境中生成的意义，有着重要的历史学、民族学、民俗学以及边疆政治学、地理学的研究价值。

人类在以现代科技留存图像之前，由人工绘制图册是记录当时各民族人物形象及社会生活的重要手段。这种手工绘制虽不及现代的影片、照片、图片那样逼真传神，但其画面风格古朴、自然天成、少有雕饰，色调柔和、鲜而不艳，笔力劲健、气韵生动。无论是画面的设色风格与空间结构，还是其中蕴含的艺术审美情趣，都显示出地方文人画家以写实为主的创作风格。

“滇夷图”册大多是手绘本，个别刊刻本更是稀见，传世珍本、孤本有的早已流失海外，有的散落在国内收藏机构或私人手中，奉为至宝，秘不示人。对于研究者来说，亲眼目睹尚且不易，更何谈发掘利用了，这也是“滇夷图”不为人知的一个主要原因。因此，对少数民族图像古籍的整理公布，不仅是为了满足学术界和社会各方面的利用需求，也是为了更好地传承中华民族优秀文化遗产。近年来，在有关机构和各方人士的共同努力下，一些过去难以见到的珍稀“滇夷图”得以刊印，重放异彩。如 2009 年 4 月，中国社会科学出版社以 5 亿像素“原色原大”标准，高仿真限量出品了清代传世珍本《滇省夷人图说·滇省舆地图说》，为在昆明召开的国际人类学与民族学联合会第十六届大会献上了一份厚礼。2022 年 2 月，商务印书馆出版了由复旦大学文史研究院、京都大学文学研究科、香港城市大学中文及历史学系合作整理，京都大学文学研究科教授田中和子、京都大学文学研究科长、文学部长木津祐子担任主编的《京都大学藏苗图五种》一书,其中包含了京都大学地理学部独家珍藏的《滇省苗图》绘本。该图册制作精良,图绘优美,通过有趣的史料图片,我们不仅可以一窥清代苗图的制作与流传,还可以领略到清代云南各民族的风土人情和他们的社会生活、宗教习俗。现今留存下来的少数民族图像古籍极为珍贵、难得,其精美的图画和说文是我国民族史研究的珍贵史料。

清代云南少数民族的生动画卷 *

陈子丹　郑　宇　庄兴成

《云南种人图说》为清代绘制的一部云南少数民族图像古籍，现藏云南大学图书馆。该图册以图文并茂的形式直观、生动、形象地描绘了清代云南少数民族或支系的真实风貌与特点，具有很高的历史价值、艺术价值和学术价值。但长期以来尘封书库，鲜为人知。2005 年 4 月由云南美术出版社出版的《清代滇黔民族图谱》（内含《云南种人图说》和《金筑百苗图》两书）一书，使这部尘封已久的少数民族图像古籍得以公之于世，为研究云南民族史、民俗文化史提供了一份珍稀史料。

笔者有幸参与过该图册的二次、三次整理和改编工作，在此拟对该书的由来、内容、价值及其整理研究谈一点初浅认识，敬请有关专家学者不吝赐教。

一、《云南种人图说》的由来

关于《云南种人图说》的由来问题，主要有两种看法：其一，李孝友先生认为是“清光绪年间，有人据《伯麟图说》遴选其中之二十二幅彩绘成册，题名《云南种人图说》，即今云南大学图书馆馆

---

* 本文原发表于《红河学院学报》2016 年第 3 期，收入本书有增补修改。

藏之本”。[①] 即《云南种人图说》应是《伯麟图说》(又称《进云南种人图说》)的传抄节选本;其二,经祁庆富、李德龙、史晖三位学者比较后认为,《云南种人图说》实为《滇省迤西迤南夷人图说》的改绘抄本。其理由如下:

《滇省迤西迤南夷人图说》原件现藏德国莱比锡民族学博物馆,绘于清乾隆五十三年(1788),作者贺长庚。此图册为彩绘本,折装,木夹封套中间竖刻“滇省迤西迤南夷人图说”,应是在国内的收藏者所题之名。原书首页篆书题名“滇省西南诸夷图说”,应是贺长庚原来的命名。正文右图左说,共收录云南少数民族名目 44 种。对照《滇省迤西迤南夷人图说》一书不难发现,二者相同、类似的图和说有:

1. 龙人(《滇省迤西迤南夷人图说》之一作“侬人”);2. 山苏;4. 黑㑩㑩(《滇省迤西迤南夷人图说》之四作“黑猓㑩”);5. 卡堕(《滇省迤西迤南夷人图说》之八作“卡隋”);6. 扑蛮(《滇省迤西迤南夷人图说》之十二作“濮蛮”);7. 旱摆夷;8. 糯比;9. 卡瓦;11. 大头㑩㑩(《滇省迤西迤南夷人图说》之二作“大头猓㑩”);12. 㑩黑(《滇省迤西迤南夷人图说》之十作“猓黑”);13. 僰夷;14. 苦葱;15. 白倮㑩(《滇省迤西迤南夷人图说》之九作“白猓㑩”);16. 沙人;17. 三作毛;18. 民家;19. 黑窝泥;20. 水摆夷;21. 缅和尚;22. 莽子。[②](数字为《云南种人图说》名目序号)。

《云南种人图说》之三“白窝泥”是改绘自《滇省迤西迤南夷人图说》之五“瓢头窝泥”,图画相近,说文略有改动;《云南种人图

① 李孝友:《清代滇黔民族图谱序》,云南美术出版社,2005 年,第 7 页。

② 祁庆富、李德龙、史晖:《国内外收藏滇夷图册概说》,《思想战线》2008 年第 4 期。

说》之十“摆夷”是新增绘的，明显是用来替换《滇省迤西迤南夷人图说》之十一“卡高”。《云南种人图说》名目与《滇省迤西迤南夷人图说》的前22种相合，显然是改编抄绘自《滇省迤西迤南夷人图说》的前半部分。因此《云南种人图说》无疑可以看作是《滇省迤西迤南夷人图说》的节选改绘本。①

《滇省迤西迤南夷人图说》对其他“滇夷图”的绘制也有很大影响，如云南省博物馆收藏的一幅清代傣族风俗画《沐浴图》，② 其构图及人物形象的造型就出自《滇省迤西迤南夷人图说》。

笔者认为三位学者的说法仅为一家之言，因为《云南种人图说》有可能改编自《伯麟图说》的传抄本或改绘本，如《御制外苗图》《滇省夷人图说》《夷人图说》等，也可能改绘自清代的其他“滇夷图”，仅凭《滇省迤西迤南夷人图说》就下此定论未免过于武断。值得注意的是：德宏师范高等专科学校的江晓林教授经过多年研究，最终确定他于1990年在昆明古玩城收购到的119帧白描图是《云南种人图说》白描手绘定稿本的真迹，编绘者为清代嘉庆年间的布衣画师李仰亭。2001年春他又搜寻到其中两帧设色本真迹，构图与白描手绘稿是一致的，且有李仰亭的落款和印章。进一步证实《伯麟图说》与《云南种人图说》乃是同一部作品的不同名称，也是200年前云南首次对全省进行民族调查的汇集，有极高的历史学、民族学价值。③

---

① 祁庆富、李德龙、史晖：《国内外收藏滇夷图册概说》，《思想战线》2008年第4期。

② 李昆声：《云南艺术史》，云南教育出版社，2001年，第337—338页。

③ 尹仑：《以物知史　以物证史——江晓林馆长访谈录》，尹绍亭：《我们这一代：滇云人类学者访谈集萃》，学苑出版社，2020年，第136—148页。

二、《云南种人图说》的内容

《云南种人图说》画册是云南大学图书馆收藏的珍贵民族古籍之一，具有很高的历史文物价值、古籍版本价值、书画艺术价值和学术资料价值，属海内外稀见珍本，被视为“镇馆之宝”。原画册为纸本彩色手绘稿本，编绘者未署名，亦无印章和成书时间。画册前抄录康熙五十八年《山川考谕》代序，落款为“大清光绪十八年岁在壬辰暮春朔一日敬录山川考谕于楚雄都阃府署内之吟香读画室□世昌谨录”，估计该画册应绘制完成于清光绪十八年（1892）或此时之前，作者是否即“□世昌”还有待考证。

画册共收录清代云南少数民族名目22种和图画22幅，右图左文，图画为彩绘，图幅宽18.3厘米，高26.3厘米，文字为竖行楷书，字体工整。图册还在22篇题图文字和22幅彩绘图画后附“各种人”，用文字简介了68种人，主要介绍每一种人的族系分布、衣食住行、生活习性，与正文部分有交叉，对正文起补充作用。

22种图说收录的云南少数民族种类虽不全面，但对世居民族或其支系的介绍甚详，画面风格古朴、自然天成、少有雕饰，色彩柔和、线条流畅，且无任何漫漶，历经一百多年的辗转流传仍完好如初，实属不易。构图精巧细腻，人物形象栩栩如生，画面虽简，却颇为传神，寥寥几笔，每个民族或其支系的容貌形态、生产生活、宗教习俗等便跃然纸上。文字说明则简明扼要地介绍了各民族（分支）的族名、族属、分布、居住、婚嫁、丧葬、饮食、服饰、娱乐、习俗、禁忌等风物民情，尤其注重各民族（分支）外形、心理和性格特征的描写。

三、《云南种人图说》的价值

“种人”一词，不同于今天“民族”的概念，对居住于同一地域的人群，他们在语言、宗教、习俗、饮食、服饰和生产、生活方式上不同于周边其他人群，就被视为一种“种人”。因而这些描述“种人”的典籍，是从一个比民族更小、更具体、更细微的视角，记录了云南多民族中一个个特殊群体的生活风貌。特别是“图说”性质的著作方式，融形象描绘与文字叙述为一体，在前影像技术时代，更显难得珍贵。①

边疆少数民族的早期社会风貌，文字记载本身就不多，用绘画方式或图文对照的方法进行展示就更为罕见，本图册不仅为研究清代云南少数民族的经济生活和文化习俗提供了一份难得的史料，而且对书法绘画艺术也有一定参考价值。

（一）生动刻画了清代云南各民族的社会经济和文化风貌

《云南种人图说》是以图文并茂的形式反映清代云南少数民族真实风貌与特点的手绘本。这种手绘本虽然不及现代的照片、影片、图片那样逼真传神，但其画面以写生为主，画法写实，气韵生动，设色明快，颇具特色。文字描述简洁明了，文笔精炼，直观、生动、形象地展现了清代云南各民族从事耕种、畜牧、渔猎、纺织、婚嫁、丧葬、节庆、娱乐、歌舞、祭祀、出行、交易等活动的场景。以下略举几例：

1. 经济生活以山（旱）地农业为主，但畜牧、渔猎、纺织、竹编也很发达，如：

白窝泥“亦是刀耕火种，并蓄养花猪”。

卡堕“耕种山地，播洒旱谷，双牛并力而耕，应夫当差”。

朴刺“栽种杂粮，善做竹器为业”。

黑罗罗“在曲靖者，居深山，虽高岗硗陇，亦刀耕之，种甜苦二荞，蓄养牛马蕃息”；“在路南者能为乳酪，杂樵苏鬻于市”；“然在安

① 江晓林：《以图证史》，《光明日报》2015 年 6 月 7 日第 11 版。

宁、禄丰者多负盐于途”。

黑窝泥“种茶为生，负茶于市，性最殷勤，故行走之时，而手不释线，甚是勤苦”。

生活在滇池湖畔的普特“以渔为业，性耐寒，舟不盈丈，而炊爨、牲畜、资生之具咸备。又有泅水捕鱼者，丹须蓬发，竟没水中，与波俱起，口啮手捉皆巨鱼，今滇池旁碧鸡山下有此种类”。

黑铺以手工艺为主，“性巧慧，善作宫室，编竹为器，一切床几桌凳备极精巧，汉人莫能及”。

2. 文化娱乐各有不同，特色鲜明，如：

龙人“每逢正月，立秋千一架，男女同乐”。

旱摆夷“男弹琵琶，女吹直箫，歌唱取乐”。

爨蛮“以腊月为春节，竖长竿，设横木，左右各坐一人，以互落为戏”。

嫚且“鸣叶吹薪，弹篾弄枯则皆音节流畅，合夷曲而杂和之，其声暗然，咿然可听”。

3. 婚丧习俗带有原始部落的遗风，如：

大头罗罗“姑娘私自入山与人饮，父母遇见，用鸡一只、酒一壶说合许配，嫁时与耕牛一条”。

黑干夷“婚配不用媒妁，男吹笙，女弹口琴，唱和相调，悦而野合，归语父母，始用媒聘迎归妇”。

窝泥“丧无棺，吊者击锣鼓摇铃，头插鸡尾跳舞，名曰‘洗鬼’，忽泣忽饮。三日，采松为架，焚而葬其骨。祭用牛羊，挥扇环歌，拊掌踏足，以钲鼓芦笙为乐。食无箸，以手抟饭”。

三撮毛“发留三撮，相传诸葛武侯至其地，以中发为武侯所留，右发父母所留，左发本命所留”。

爨蛮“病无医药，用夷巫禳之，打鸡卦以占卜吉凶，取雏雄鸡生刳取两髀束之,有小窍刺以竹签,相多寡向背顺逆之形,或取山间草齐束而拈之,略如蓍法”。

么些“俗俭约,饮食疏薄,岁暮竞杀牛羊相邀,请一客不至则为深耻”。

4. 节庆仪式多姿多彩、风格各异,如:

白倮罗“每逢六月二十四日,点火把,吹胡笙,跳唱歌舞,以祈年丰”。

摆夷“每年二月之内择期,男女缅僧聚集,敲锣打鼓,走山采花献佛,此即同汉人做太平会也”。

5. 22 幅彩图以写实的手法描绘各种人物形态和劳动生活的场景,画面逼真,使人有身临其境之感。如:

“山苏”图中描绘的男子上身赤裸,下穿一条短裤,腰扎布带,正在开垦山地,女子穿麻布织成的短衣裤,形容枯槁,衣衫褴褛,正在捡拾木柴。画面表现出“山苏”生活贫苦,度日艰难的情景,具有强烈的感染力。

“白窝泥”图中描绘的男子头戴竹编尖顶圆帽,身穿青蓝布长衣,赤足绑腿,女子挽髻蒙头,身穿白色短衣裤,腰系花色胸兜,下穿长裙,赤足绑腿,后背竹箩,有的手提水罐,有的手牵花猪,有的手撵棉线,正欲出门上路。画面表现出白窝泥妇女欲外出赶集,小儿也要跟随而去,其祖父拉住不放的情景,生活气息浓烈。

“缅和尚”图中描绘的缅和尚头包黄色头巾,身披黄色长袍,盘腿坐在地上,左边的一位正在念诵贝叶经,右边的一位正用铁笔在贝叶上刻写经文。傣族妇女身穿白布短衣,下套花布桶裙,提着装有食物的提箩。一妇女脱去包头和鞋子,跪在佛寺门外,将食物举过头顶,敬献给僧侣。图画表现出缅和尚盘腿打坐,诵经刻字,傣族妇女向僧侣敬献饮食的场景。

（二）其绘画艺术价值远非一般书画作品可比

就《云南种人图说》的绘画艺术而言，李孝友先生在《清代滇黔民族图谱·序》中有一段精彩的评说："画面构图中心突出，错落有致，情状各有不同，落笔或自臂起，或从足先，均能不失尺度。所绘种人，神采酷肖，各具形态，衣衫绉折，潇洒飘逸，表情肤色，悉本天然，笑貌愁容，纤毫不苟，生动朴实，神态逼真，而且各民族人物形态，均从实际出发，善于描摹各自的神情意态，栩栩如生。正如古人所说：'画到精神漂没出，更见真神与真魂。'"[①] 这是对《云南种人图说》的最好赞誉。

如同今天的新闻摄影一样，少数民族图像的绘制也必须亲历实地临摹才能完成。云南各少数民族大多居住在山高谷深、坡陡流急、地形气候复杂多变的地区，这对于百余年前的图画创作者们来说无疑是巨大的挑战，只有不畏艰险，跋山涉水，深入到高山密林或田野坝子，亲身体验少数民族的日常生活和生产劳动，才有可能创作出这样精美的艺术杰作，因此其作画的难度要远远高于其他书画作品。

（三）为学术研究提供了多方面的原始图文资料

从目前的考证来看，《云南种人图说》的手写（绘）稿本虽不能断定是孤本，但至少百余年来未见其刊印和发行过。加之《伯麟图说》的原稿本早已散佚无存，《滇省迤西迤南夷人图说》及其他"滇夷图"又多半收藏于国外，故此善本更显得弥足珍贵。从民俗文化价值而言，它几乎包涵了云南各民族或其支系的部落、种类、居处、习性、音乐、歌舞、风俗、农耕、渔猎、贸易等各个方面翔实丰富而又生动具体的内容，是不可多得的珍稀文献。从民族传统文化的表

① 李孝友：《清代滇黔民族图谱序》，云南美术出版社，2005 年，第 7 页。

现形式来看，以《云南种人图说》为代表的"滇夷图"，可以说是一组立体的少数民族图像档案，它不仅真实地反映着清代各民族的衣食住行、婚丧嫁娶、风俗习惯等文化现象，也忠实地记录着各民族的伦理道德、宗教信仰、节庆礼仪等精神风貌，可以为人类学、民族学、民俗学、民族史、地方史、文化史的研究提供多方面的文化信息和原始资料。如云南大学王玲教授在其专著《音乐图像学与云南民族音乐图像研究》中，就以《云南种人图说》中的 6 幅图说（扑喇、旱摆夷、摆夷、大头罗罗、白倮罗、水摆夷）为例，对云南少数民族的音乐图像进行了专门研究，认为"从以上六幅图说可知，《云南种人图说》中的音乐舞蹈图像既是清代云南少数民族生活的一个重要组成部分，也是他们的典型特征和标识符号"。[①] 诸如这方面的发掘研究工作还有待进一步开展。

四、《云南种人图说》的整理和出版

云南少数民族图像旧时统称"滇夷图"，是与"苗蛮图"齐名并行的民族图像古籍之一。这类图册大多是手绘本，个别刊刻本也是稀见孤本，传世版本散落在国内外收藏机构或私人手中，奉为至宝，秘不示人。对于今天的研究者来说，亲眼目睹尚且不易，更无从谈及发掘利用了，这也是"滇夷图"不为人所知的一个主要原因。因此对少数民族图像资料进行整理刊印，不仅是为了满足学术界和社会各方面的需求，也是为了更好地保护和传承民族文化遗产。

如前所述，《云南种人图说》无疑具有较高的历史文物价值、书

① 王玲：《音乐图像学与云南民族音乐图像研究》，人民出版社，2009 年，第 269 页。

画艺术价值和学术参考价值，但其历史局限性也是显而易见的，即带有很多封建官宦文人对云南少数民族先民片面的、歪曲的甚至是歧视性、污蔑性的看法，加之原书长期深藏馆内，禁止读者借阅，给人们查阅和利用带来很大困难和障碍。为了坚持先进文化的前进方向，弘扬民族优秀文化传统，推进云南民族文化强省建设，云南大学图书馆先后三次邀请专家对《云南种人图说》进行整理和研究，使这部珍藏稿本得以公开发行。

20 世纪 90 年代初，云南著名地方文献学家李孝友先生到云南大学图书馆指导工作，发现和考证了馆藏《云南种人图说》一书的版本源流，认定其为国内现存民族图像古籍中的珍品。同时不辞辛劳，清茶冷座，伏案执笔，对《云南种人图说》进行认真稽考、精校细勘，并查阅和检索了相关古籍文献，摘录《伯麟图说》、道光《云南通志稿》等古籍中有关某一民族或分支的记载，对原文进行了详细诠释，还配上原书彩绘的翻拍照片，手稿装订成册藏于馆内，是为对《云南种人图说》的首次整理。

2002 年 7 月，笔者受云南大学图书馆原馆长李杰研究员之托，对原图册中的 22 种云南少数民族图说文字进行了再次整理，改编后的文字说明对原有的题图文字作了适当诠释，对图画中描绘的男女服饰、生产工具、经济生活、文化习俗、娱乐活动、节庆礼仪、性情喜好、动作神态等作了进一步的阐述，并拍摄彩印了原书中的彩图和文字，同时配有每一种民族或支系的英文简介。但该书拍摄彩印出来的色彩效果与原书有较大出入，影响了其原真性。该整理本还加入了馆藏的另一本清代贵州少数民族图谱《金筑百苗图》，与《云南种人图说》合二为一，定名为《清代滇黔民族图谱》，由云南美术出版社于 2005 年 4 月正式出版，是为对《云南种人图说》的二次整理。

《清代滇黔民族图谱》一书的《云南种人图说》部分对前面有图画的22种云南少数民族作了通俗易懂的阐释，但并未对后面附录的68种“各种人”的文字简介进行整理，此为美中不足。于是笔者再对原书中68种“各种人”的文字简介进行考释，是为第三次整理。改编后的文字内容可分为三部分：一是考证，对清代云南各民族或支系的名称、来源、分布、主要特征作了考证；二是题解，对原有的文字内容作了进一步阐释和延伸；三是征引，从清代史志文献中引用了大量有关该民族或支系的史料记载。此外，对原文中字形和描述尽量不作更改以保持原貌，并附上原书的文字内容，使该整理本更为完整无缺、史料价值更大、更具学术性和资料性。

经过三次整理后的《云南种人图说》用现代语体文尽量作了言简意赅、通俗易懂的表述，文字说明既突出了简明扼要、表达顺畅、解释清楚、知识性强、趣味性浓的特点，又增加了大量云南地方史志文献中的珍贵资料，使其不仅体现出独特的历史韵味、深厚的文化底蕴和浓郁的学术气息，而且更具可读性、可视性和观赏性，同时又不失原书的历史文物性、艺术代表性和文献资料性，让读者从清代民族史的视角，探寻云南地方文化中具有浓郁乡土气息的风物与民情，在休闲的阅览中有所受益。

通过此类少数民族图像古籍（“滇夷图”）的编印出版，如果能使广大读者对云南少数民族的民俗风情感兴趣，被云南多元民族文化的无穷魅力所吸引，并从中感受到勤劳勇敢的各族人民的精神力量之所在，从而加深他们对源远流长的红土高原古老文明的热爱，这就是编者最大的愿望。

后　记

我国少数民族图像古籍是以图文并茂的形式反映古代边疆少数民族社会风貌的手绘本。这种手绘本虽然没有现代的影片、照片、图片那样逼真传神,但其画面以写实为主,生动形象地再现了当时各民族的生产生活、衣食住行等内容,是研究古代少数民族形象特征最为珍贵的史料。对这些少数民族图像资料进行整理刊印,满足各方面的需要,是一项有着重要意义的工作。

20世纪90年代初,云南著名地方文献学家李孝友先生到云南大学图书馆指导工作,发现了馆藏《云南种人图说》一书,并考证其版本源流,认定它为国内民族古文献中的珍稀之作。同时不辞劳苦,清茶冷座,亲自执笔,对《云南种人图说》进行认真稽考、精校细勘,并查检相关古籍,摘录《伯麟图说》、道光《云南通志》等古籍中有关某一民族的记载,对原文进行了详注诠释,还配以原书彩绘的翻拍照片,手稿装订成册,是为《云南种人图说》的一次整理本。

2002年7月,我受云南大学图书馆原馆长李杰研究员之托,对原图册中的22种云南古代少数民族题图文字进行了再次整理,改编后的成果《清代滇黔民族图谱》一书已于2005年4月由云南美术出版社正式出版,是为《云南种人图说》的二次整理本。但该书的《云南种人图说》部分仅对前面有图画的22种古代少数民族作了言简意赅、通俗易懂的描述，未对图文后所附的“各种人”共计68种云南少数民族文字简介进行整理，美中不足，殊为遗憾。为使该图谱更为完整无缺、史料价值更大、更具学术性和资料性，我决心再对书中的68种“各种人”进行考释，并于2005年获得了省高校古委会2004年度古籍整理研究项目的资助，后又断断续续花了近一年半的时间，拖到2006年上半年才基本结束，共约10万字。是为三次整理本。

此次整理着重对后半部分每一种人的文字简介作简要考释，以使该整理本能直观、形象、生动地展现清代云南少数民族或支系的真实风貌与特点。在整理过程中，我广泛查阅和检索了相关古籍，充分采用和吸收了云南民族史的一些研究成果和学术观点，重点参考了我的导师尤中先生所著的《中国西南民族史》《中国西南的古代民族》二书，再次深表内心的感谢。

总之，改编后的文字说明既保持了二、三次整理本简明扼要、通俗易懂、解释清楚、知识趣味性强的特点，又增加了大量云南地方志中的珍贵史料，使其学术味道更浓，更具学术参考价值。但因本人能力有限，特别是缺乏图像古籍整理工作的经验，加之查检相关的古籍文献十分困难，书稿中的缺漏和错误在所难免，诚望能得到云南民族史、民族史料学、民族古籍学方面的专家学者批评指正。本书的出版得到了2017年度教育部人文社会科学研究西部和边疆地区项目基金的资助，中华书局的领导和编辑人员对本书的出版给予了大力支持，在此致以衷心的感谢！

2023年1月10日

于高校小区